悠悠文緣——

兒童文學理論家

蔣風文壇回憶錄

蔣風　著

蔣風重要著作書影

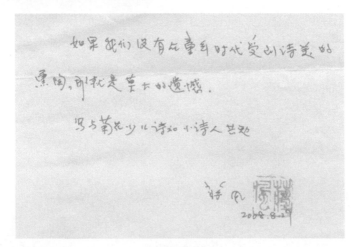

蔣風手跡

目次

序

董宏猷

　　蔣風先生的文壇回憶錄即將出版，囑我作序，深感榮幸之餘，又有些許的忐忑與惶恐。蔣風先生不但是中國兒童文學界德高望重的前輩、著名的兒童文學理論家，而且是浙江師範大學的老校長、著名的教育家。眾所周知，浙師大的兒童文學研究機構是中國兒童文學理論研究的重鎮，當代許多著名的兒童文學理論家都曾經是浙師大的研究生。其中，有許多大家都曾經是蔣風先生的弟子。用「桃李滿天下，棟樑遍寰宇」來頌揚蔣風先生的師德，是恰如其分的。而我雖畢業於師範大學，但不是在浙江；雖然一直勤勤懇懇地在兒童文學的田野上耕耘，但常常因雜務而耽誤了許多寶貴的創作時光，而愧對先生。因此，提起筆來，竟有奧運會火炬接力接過火炬時的神聖與激動了。

　　但我的確又有許多的話想說。

　　上個世紀的九十年代，我的長篇夢幻體小說《一百個中國孩子的夢》剛剛出版。一位日本的翻譯家正在浙師大訪問，想翻譯中國兒童文學作家的作品，求教于蔣風先生。先生馬上就向他推薦了《一百個中國孩子的夢》。這位日本朋友，就是後來成為我的忘年之交的家野四郎先生。蔣風先生不僅熱情地推薦了我的作品，還親自給我寫信，不久又在《文藝報》上發表了為《一百個中國孩子的夢》日譯版所寫的序言，對《一百個中國孩子的夢》進行了高度的評價。

1

在此之前，除了在開會的時候見過蔣風先生，景仰先生高大而儒雅的學者風範，我和先生沒有其他的私交。接到先生的信，看到先生主動為我寫的序，我的激動與感動，是可想而知的。「夢」飛扶桑，又跨海峽，在臺灣出版，並獲獎，與先生的獎掖與評論推薦是分不開的。向國外的翻譯家推薦一個尚不知名的青年作家的作品，不但熱情牽線搭橋，而且主動寫序，還在《文藝報》上發表，這是何等博大的胸襟與愛心！撫今追昔，先生唯才是舉的崇高品格，更閃耀著金子般的光輝。

我知道，像我這樣的幸運，在蔣風先生的文學生涯中，其實是一種常態。他喜愛他的學生，喜愛年輕人，喜愛在他看來是優秀的或者是具有潛質的作品。這樣的常態之于蔣風先生，如同陽光之于大地，春雨之於禾苗，是一件極其自然的事情。然而正惟其自然，正惟其常態，便更彰顯了自然與常態的偉大。

很多年前，我曾經讀過先生的煌煌大著《中國現代兒童文學史》與《中國當代兒童文學史》，得知先生在五十年代便立志為中國兒童文學立史。六十年代初，完成《簡史》的初稿；正當修改稿即將發排的時候，文化大革命爆發，多年辛辛苦苦積累的資料、卡片、書籍等全部被抄、被毀。他的書稿，也遭受同樣的厄運，蕩然無存。直到 1978 年，蔣風先生才重新肩負起這歷史使命，含辛茹苦，又是十載，終於主編完成《中國現代兒童文學史》。泱泱數千年之文明古國，始有自己的兒童文學史。一部史書，二十七萬字，竟然耗盡一個人三十年的心血，先生的執著與追求，以及鍥而不捨的學術品格，真的令人欽佩。蔣風先生後來又主編了《中國當代兒童文學史》，在此書的後記中，先生感慨地說：「中國雖已有二千年的文明史，但是直到 1987 年，從未出版過兒童文學史。」這真是一個令人震驚且發人深省的現實。中國的文學史，

始於清末宣統二年林傳甲所著之《中國文學史》；而在此之前，中國的文學史是由外國人來寫的，例如日本人的《支那歷朝文學史》，1903 年由上海中西書局翻譯成漢文出版。林傳甲之後，各種文學史便如雨後春筍般出版了。不但有各種各樣的分類史，而且，其他領域的史書也層出不窮，例如中國的娼妓史。但是，唯獨沒有兒童文學史。泱泱我中華文明古國，輕視兒童，輕視兒童文學，輕視人之本，竟然到如此地步，這樣的文明，便要打很大的折扣。在這樣的背景下，先生及其同志們的辛勤努力，實在是具有開創性的，具有歷史意義的。它填補的，不僅僅是文學分類史的一個空白，而是中華文明的一個空白。

現在，蔣風先生又將他的文壇回憶錄，一本溫馨的散文集，呈獻給渴望讀到他的新著的讀者，真是可喜可賀的事情。蔣風先生所寫的文壇師長，都是著名的大師，由先生儒雅地深情道來，漸漸地就不知不覺地進入了那個時代，仿佛陪伴著先生，穿越了時空隧道，與各位大師品茗論道，促膝交談。那些過去的歲月，變得如此地生動形象，觸手可感。先生看似隨意地回憶，其實便是一部生動的歷史。我尤為感動的，就是先生的深情。我不禁想起了李白的詩句「桃花潭水深千尺，不及汪倫送我情」，「相看兩不厭，唯有敬亭山」。這部深情的優美的作品，讓我們看到了作為嚴謹的學者的蔣風先生另外一個側面，那就是溫馨的、溫暖的春風。我曾經沐浴過這樣的春風。現在，將會有更多的讀者如沐春風，感受君子之交的中國之風的洗禮。

去年秋天，我在武漢再次見到先生，看到先生八十高齡，仍然是那樣神采奕奕，風采依舊，還在為兒童文學事業奔走呼喚，真是既感動又高興。現在，看到這本回憶錄，再次為先生的身健筆健感

3

到由衷的歡喜。借此機會，我要感謝蔣風先生的提攜之恩。同時，
也祝福先生健康長壽，永葆學術與創作之青春。

2010 年 5 月 29 日

于漢口白壁齋

　　董宏猷，1950 年生，湖北咸寧人。著名兒童文學作家、湖北
省作家協會副主席。長篇小說《一百個中國孩子的夢》、《十四歲的
森林》曾在日本、美國、馬來西亞、臺灣等國家和地區出版，在海
內外引起重大影響。現有《董宏猷文集》（四卷本）行世。

楊柳依依　無限情思

——憶與劉延陵先生的一段交往

一

　　劉延陵先生是我國新文化運動中新詩壇上的第一代詩人，但對我國文藝界的年輕一代來說，也許很少有人知道了。這位中國詩壇的前輩詩人，先是由於腦疾纏身，中斷筆耕，後是因抗日烽火驟起，折柳南行，定居南洋，長期脫離文壇。近半個多世紀來，不說中國現代文學史對他一筆不提，連一般報刊上也很少提起他了。

　　澳門東亞大學中文系雲維利教授說：「劉延陵沒有同時代的許多詩人那麼著名，但是對於早期的新詩運動，卻很有貢獻。」他是早期的文學研究會會員，在有史料根據的 170 多名會員中，他的入會號數為 49。他與文研會骨幹葉聖陶、俞平伯、朱自清相知，因共同的愛好，於 1922 年 1 月創辦了同人刊物《詩》月刊。這個刊物即由劉延陵和葉聖陶兩人負責具體編務，而劉延陵又是最熱心的一個，花了更多的心血。朱自清在《中國新文學大系・詩集・選詩雜記》中，曾有這樣一段記載：「……《詩》月刊怕早被人忘了。這是劉延陵和我幾個人辦的；承左舜生先生的幫助，中華書局給我們印行。那時大約也銷到一千外。劉夢葦和馮文炳（廢名）二位先生都投過稿。幾個人裏最熱心的是延陵，他費的心思和工夫最多。這刊物原用中國新詩社名義，時在民國十年，後來改為文學研究會刊物之一，因為我們四個人都是文學研究會會員。刊物辦到七期而止，結束的情形卻記不清了。」同書的《詩話》中

對劉延陵還有這樣的介紹:「劉延陵:江蘇泰興人,《雪朝》作者之一。喜歡李賀詩,認為近乎西方人之作,似乎頗受他影響。今所錄都是平淡的」。

當年劉延陵先生主編《詩》月刊時,才廿多歲,不僅寫下了《水手》、《海客的故事》這樣的名篇,還翻譯了不少著名的外國詩作,發表了一系列詩論,如《美國的新詩運動》、《現代的平民詩人買絲翡耳》、《詩泉澆灌的花》、《法國詩之象徵主義與自由詩》,成為文研會燦若群星的詩人群中譯介西洋詩的主力。

劉延陵先生在《詩》月刊創辦的第二年,考取公費赴美國西雅圖華盛頓大學留學。兩年後因腦疾發作,心力交瘁,被迫輟學返國,遵醫囑放棄了心愛的詩神,從此在詩壇銷聲匿跡。他一生寫過新詩50多首,未發表的有20來首。他主編《詩》月刊期間,與文研會同人鄭振鐸、郭紹虞、周作人、朱自清、俞平伯、葉聖陶、徐玉諾等八人出過一本合集《雪朝》,列為文學研究會叢書之一,由商務印書館出版。朱自清主編的《中國新文學大系‧詩集》,曾從《雪朝》選錄了他的《水手》,從《詩》一卷四號選入他的《海客的故事》。六十年代後期,劉延陵先生一度又拿起了詩筆,在《新加坡月刊》發表了不少新詩,如《新加坡頌詩》、《新加坡禮讚》、《五種誕辰歌詞》(兒童的、少年的、青年的、中年的、老年的)、《皇家山是人民山》等,大多寫於1967年至1969年間。後來曾通過他在義安學院中文系的學生收集這些詩作,似乎想編一本詩集,但始終未見出版。

早年,劉延陵先生曾介紹過法國象徵派的詩,但他創作的詩卻是明白如話。詩評家孫琴安說他的詩「樸實親切,無論是音節、語言、構思、意境,都達到了很高的水平」。如他的傳世之作《水手》,就是新詩初創時期的一首難得的好詩。它看起來平淡,卻具有震撼

人心的力量。雲維利教授說,「他善於捕捉詩的意境,感情綿密,於平淡之中看出新鮮的詩意來。」

二

劉延陵這個名字在我腦海裏留下第一個印象,還是早在 1936年我在金華中學讀初一的時候,有一天偶然在圖書館裏借到一本《雪朝》。這本收集了文研會八位詩人作品的合集,不知是什麼原因,劉延陵這個名字卻給我留下了特別深刻而難以忘懷的印象。今天回憶起來,也許劉延陵先生收在《雪朝》裏的 13 首詩作,確實曾經感動過我那顆稚嫩的心,尤其是那首《水手》,半個多世紀過去了,至今仍能脫口而出,背誦出來。劉延陵先生筆下的那個飄洋過海在船上討生活的水手,他那思念妻子的真摯感情,的確感人心弦。也許是我當時從其他老師口中得知,這位風華正茂的年青詩人,前些年就曾在我就讀金華中學執教,一種崇敬的心情一下佔據了我這個初中生的心。從此劉延陵這個名字就永遠烙印在我的腦海裏。

後來,我在大學裏講授《中國現代文學史》時,對劉延陵先生在我國新詩發展史上的地位有了進一步的瞭解。曾多方打聽這位詩人的行蹤,直到八十年代才從湖州徐重慶先生處得悉劉延陵仍健在,在新加坡郊區隱居,我懷著崇敬的心情,通過大學時代同學邢濟眾先生寄去一封問候的信,──出乎意外的是很快就收到劉先生的回信,就這樣建立了通訊聯繫。

三

1988 年 8 月,我有機會去獅城參加第二屆世界華文文學國際會議。出發前,我就盤算到新加坡後,一定找個機會去拜訪劉老先

生。正好與會的南朝鮮詩人許世旭教授、香港詩人犁青先生也有同一心願。八月十九日上午八時多，我們從半島酒家出來，就在門口冒雨跨上計程車。新加坡夏天的雨，說來就來，說去就去。等我們到達裕廊劉家門前時，太陽又出來了。劉老也似陽光燦爛的心情接待我們三個不速之客。新加坡詩人劉北岸說：「劉延陵是個沈默寡言的人，即使和朋友在一起也不太講話。」那天，我們與劉老都是初次見面，他卻談興很濃，隨著我們的提問，談詩，談自己的過去，也談南行定居新加坡後半個世紀來的經歷。從他細聲慢氣的談話裏，我深感這位從詩壇退隱半個多世紀的老詩人的心胸間，還有一顆未泯的詩心。後來據新加坡朋友談及，這位過著歸隱式生活的老詩人，雖然不求聞達，但並未真正退出詩壇，五十多年來不時還有詩作在多種刊物上發表，包括北京的《詩刊》，只是用了金季子、金正、夏逢、秋石等筆名，絕少使用自己的原名發表罷了。

在新加坡定居後的劉老，除新加坡被日寇佔領期間，一度在獅城牛車水碩莪巷租了半間店面擺書攤，專售舊書和出租小說藉以糊口外，一直默默地從事新聞文教工作。於文壇而言，近乎銷聲匿跡，藏在他心裏的許多「五四」故事，數年來也有仰慕者欲叩其門扉，據與延陵先生有多年交往的鄭子瑜教授說，老人家似乎一意想使人忘記他，一直以來都拒絕採訪。

那天，我們意外地受到劉老熱情而親切的接待，在茶香撲鼻中談舊憶往。時間好似過得特別快，不知不覺間已是近午時分，不得不依依不捨地站起來向劉老告別，並在劉家毗連式小洋房前合影留念。臨握別的時刻，劉老一再要我們留下住址，說是要到我們下榻的旅邸回訪。我們都惶恐萬分，心想劉老是九十四高齡的長輩，怎好讓他老人家來看望我們呢，經一再辭謝，他才沒有來。但是萬萬沒有想到，我回到家之前劉老的信已先我而到。

蔣校長：

　　去年承邢濟眾先生介紹，得向臺端修書請教，至感榮幸。最近大駕降臨南島，本當趨旅邸拜候，並導遊名勝地區。無奈年邁體衰，力不從心，至祈原宥，並乞暇時不吝筆墨，多賜函教。敝寓地址如下：

Mr・Y・Liu

42，　Lorong Pisang Emas，　Singapore 2159 Republic Of Singapore

專此。順候

秋安！

劉延陵啟
1988 年 8 月 29 日

四

　　那天，結伴趨訪的歸途，犁青先生約我為他主編的香港《文學世界》寫篇專訪。回國後，我想為了寫得確切些，於是便給劉老去信，提了些問題向他請教。

延陵先生：

　　您好！

　　今接 8 月 29 日手書，十分高興。這次趁在新加坡參加國際學術會議之機，偕同韓國許世旭教授、香港詩人犁青先生一起，趨府拜訪，承蒙親切接見，感到非常榮幸。看到您老人家九四高齡，身體健朗，至感欣慰，您先後在金華中學、暨南大學教過書，我則先後在上述兩校就讀，但

均未能親聆教誨為憾。

　　犁青先生準備在他主辦的《文學世界》約我寫篇介紹您的文章，我已接下這個任務，不知您能否為我提供一些資料？

　　另外，我還想請教幾個問題：

1. 您是怎樣愛上新詩，並走上詩歌創作道路的？
2. 您主編的《詩》是在怎樣的背景下辦起來的？
3. 您對新詩的前途有何看法？
4. 聽說您曾在金華中學教過書，確切嗎？能否介紹一下過程？
5. 曹聚仁是金華浦江人，後來也在暨南大學當過教授，不知您與他有過些什麼交往？
6. 您1937年南遷星洲後，有否回過大陸？
7. 能否介紹一些您與葉紹鈞、朱自清、俞平伯等先生交往中的軼聞？

　　那天，去您家拜訪時，我忘了帶相機，照片都是許世旭先生拍的，現在中韓尚未建交，不知他能把照片寄給我否？因此，我希望先生能惠贈一幀近照，尚祈俯允。

　　敬頌
　　夏安！

　　　　　　　　　　　　　　　　　　　晚　蔣風　9.18

信寄出後，不到一個月很快便收到劉老的回信：

蔣風先生：

　　捧讀九月十八日惠書，敬悉一切今就垂詢的各節，恭答

如下：

1. 我是在胡適之先生提倡白話詩之後愛上新詩的。

2. 關於我編《詩》月刊的緣起，情形大概是這樣的：1923 年下半年（筆者按：此處係劉老記憶有誤，應是 1921 年下半年）我與朱自清、葉聖陶兩君同在吳淞中國公學教書。有一天下午我們三人同在校外散步閒談，忽然想起編印一種專載新詩的月刊，就跟當時上海的中華書局編輯部商談，由我們編輯此種小月刊，由中華書局印行，我們不受酬報，也不負經濟上的責任。不料協商之下，一拍即合，於是開始的數期由我編輯。以後我有遠行，不知編務是如何了結的。

3. 關於我對中國新詩的前途的看法，我是樂觀的。新詩苦掙的時代已經過去，最近數十年中已有許多新詩傑作，在中國與海外流傳，它們已以作品與事實，證明新詩是一種行得通的詩創作大道。

4. 我曾在金華第七中學高中部教過整整三年書，那是方豪做校長時。該高中部的大門聳立如阜，可以憑高望遠。我在那邊的三年生活是非常愉快的。

5. 1920 年起，我在杭州省立第一師範學校教過三年書，那時曹聚仁是一師的學生。後來他先後在上海與香港教書賣文，文字中時常談到我，這些單篇文章，後來由他自己編輯成《我與我的世界》一冊自傳。他後來在暨大教過多年書，且被當時的中國教育部授以「教授」的榮銜。

6. 我是 1937 年 9 月到南洋來的。不是 1927 年。1937 年 8 月 13 日，日本侵略軍開始在上海動武，造成所謂「八一三」之役。當時我覺得以後江浙兩省的學校決不能繼續開辦了，遂應當時馬來西亞首都吉隆坡的《馬華日報》的聘請，擔任它的主編，以後也主編檳城的《光華日報》，做過新加坡《星洲日報》的編輯。

7. 1937 年我南來之後，曾於 1939 年秘密經過上海的日軍佔領區，往江蘇省北部故鄉省親一次。

8. 我與葉紹鈞，朱自清、俞平伯三位相識，都是由於我們四人曾於 1920—1922 三年之中在杭州省立第一師範學校一同教過書。

9. 中韓雖未建交，但許世旭先生在我家所拍的照片，他必定可以寄給你。他的地址如下：

135　韓國

江南區驛三洞　699—26

10. 附上半身拙照一張，敬贈給先生。

　　專此

　　順頌

　　著安

劉延陵啟

88 年 10 月 8 日

收到劉老這封長達千餘言的來信，我的心情久久不能平靜，九十四高齡的前輩詩人竟如此迅速並詳盡地給我回答了我所提出的

問題。更令我感動不已的是過了五六天又收到劉老的第二封長信，對我所提的一些問題又作了進一步的補充。

蔣風先生：

日前接奉 9 月 18 日大札後，我已對垂詢各節答覆，並附上拙照一幀，想已達記室。對於第七條關於我與朱自清、葉聖陶、俞平伯諸君交往中逸事遺聞一項，我答以與葉、朱兩君在杭州第一師範同事時間較久，故彼此尤為親近。實則此語尚須校正與補充。我與朱兄共事的時間最久，計先在杭州的浙江第一師範學校同事二年，後在寧波的浙江第四中學同事二年。

我與他同進杭州一師執教，與當時的一段富有戲劇性的軼事有關。大約 1918 年間，陳獨秀在北京大學任文科學長（即今之文史哲學院院長），兼為上海的某書局編輯《新青年雜誌》，鼓吹新思想。不久，杭州一師即有一名施姓學生（筆者按：即施復亮）受其影響，發表了一篇題為《非孝》（排斥孝道）的文章，引起杭州舊派士紳的激烈反響。他們要求浙江教育廳廳長開除此學生的學籍，並罷免一師校長經子淵的職務。於是一師學生罷課留經，一師的教職員也分做擁經與反經兩派，風潮激蕩，甚至牽動了當時的全國學生聯合會也做一師學生的後盾。

那時朱自清與俞平伯兩兄已在北大畢業，而尚留校研究，他倆都與北大學生羅家倫常為當時北大學生創辦的《學潮》月刊大寫文章，聲名甚盛；我也常為上海某雜誌寫些幼稚文章，冒充前進的卒子。於是由羅家倫在幕後牽線，由在上海職業教育社頭子黃炎培之下幫閒的蔣夢麟博

士出面，讓一師的四位最受杭州舊派土紳指摘的教師（筆者按：即陳望道、劉大白、夏丏尊、李次九）離校，由朱、俞與我及另外一人接替其職務。我們四人當時曾被丘九們榮上「四大金剛」的尊號，也許這就是你要知道的遺聞軼事了。

附帶再添一筆。當時是所謂五四運動時期，其時第一次歐洲大戰結束，在日內瓦開和議大會。歐戰方酣時，日本曾對中國提出吞併中國的 24 條（筆者按：係 21 條之誤）要求，強迫中國簽字。開和會時，日本又要求中國承認這些要求。於是中國全境都組織了各地學生會反對簽字。這即是所謂五四運動。指反對參加和會的代表於五月四日在日內瓦和約上簽字也。為了推進五四運動，當時中國全境的學生都組織了學生聯合會，北京則有一個全國學生聯合會總會。這個總會有一次開會時，推舉北大的學生代表方豪為主席。後來方先生即因這一炮而成名，做到金華的浙江第七中學的校長。

專此奉聞。順頌

教安

劉延陵敬啟

1988 年 10 月 15 日

此信是專對先生所問的遺聞軼事答覆的。

關於這封信，1988 年 11 月 6 日新加坡《聯合早報》第九版曾有這麼一段報導：「蔣風是中國浙江師大的校長，劉老先生年輕時在這兒當過教師。蔣風回國後曾來信，請劉老回答幾個問題。去了一封信後，在去世前幾天（筆者按：是去世前三天），劉老又再投寄給蔣風第二封信，據劉太太說，劉老當時表示，因為還有些問題

要搞清楚。這是劉老在世投寄的最後一封信。」這種一絲不苟、誨人不倦的精神，多麼令人欽敬啊！當我讀到報導中說「這是劉老在世投寄的最後一封信」時，我的淚水情不自禁地奪眶而出。

我淚眼迷濛地一遍又一遍讀著《聯合早報》上的報導：

　　……1988 年 10 月 17 日，星期一，劉延陵老先生用了牛奶與雞蛋的早餐後，感到不適，到中央醫院檢查。

　　……住院留醫，是感冒，肺也受輕微感染。不應算是什麼大病。

　　……到了 18 日下午，劉老曾先後兩次按鈴喚護士，表示自己感到頭暈。第二次，醫生也在場，他還向醫生詢問病情，醫生給他氧氣罩，就這樣，他就「含笑」逝世了，時間是下午三時左右。

看到這個報導之前，我真想不到劉老會走得這麼快。兩個月前，我親眼見到劉老精神矍鑠，神采奕奕。不久前，我還收到劉老神色專注伏案工作的近照。就在那次難得的訪問時，還聽到他充滿自信的戲言：「看來我要活到 120 歲吶！」

我一連收到劉老的兩封長信後，又給他去了一信，正等待著他老人家又一次來信。萬萬沒有想到 1988 年 11 月下旬收到的卻是她女兒玉芳用英文書寫的信，帶來了劉老去世的噩耗：

　　蔣風先生：

　　　　我們已經收到了你寄給我父親的信，可是，我爸爸已於 10 月 18 日過世了。他患了肺炎住院，在醫院去世的。他畢竟已經 94 歲高齡了。

　　　　隨函寄去寄給我父親的南朝鮮來信的複印件，以及我爸

爸逝世後介紹他事蹟的一份報紙的複印件。

　　我媽媽說能否把那兩封信的複印件寄給她？即我爸爸去世之前寄給你的兩封信。她希望這一願望能得到滿足。謝謝你，希望很快收到你的回信。

劉延陵的女兒

玉芳　1988.11.18

　　劉老女兒信中提到的報紙，即上文提到的使我邊讀邊掉淚的《聯合早報》，而那封南朝鮮的來信，就是八月十九日跟我和犁青結伴拜訪劉老的許世旭教授回國後給劉老的信：

延陵先生：

　　上月遊星時，曾與蔣風、犁青兩位，登門拜訪您這位慕名已近四十年的老詩人。當時之興奮，實難形容。尤其晚生特別敬重先生早年之詩作，故於十三年前所編拙譯《中國現代詩選》中恭選了數篇，以表敬意。返國之後，立即忙於開國際筆會，現已曲終人散，即刻洗好照片，並置冊舊譯小本，匆匆奉上，請留表紀念，是所感盼。專此敬覆，順頌。

　　道安

韓國先生　許世旭敬上

1988.9.10

　　在這裏，我所以錄下許世旭教授的信，不僅因我們結伴拜會劉延陵先生留下了難忘的記憶，還因為那天拜訪劉老歸來，許世旭先生根據劉老的提示的線索，（一貫拒絕一切採訪的劉老，卻有一次例外，1988 年 3 月 1 日接受了《聯合早報》記者

16

的採訪，後來《聯合早報》以整版的篇幅發表了一篇題為《折柳南來的詩人——「五四」遺老劉延陵訪問記》和劉老的一首新作《楊柳》。）當晚趕到報社，找出那天的報紙複印了一份帶回半島酒家。我認為這是一份珍貴的史料，許世旭教授又特地重新複印了一份送給我。

五

得到劉老的噩耗之後，把正在執筆撰寫的專訪，只得改寫成一篇〈無限哀思，遙寄南天——悼念五四遺老劉延陵先生〉，寄託我的哀思。最後一段是：

> 「但是，您畢竟已匆匆地走了。寫到這裏駐筆遙望南天，默念你新作《楊柳》詩前所引的十九世紀一位法國詩人的詩句：
>
> > 親愛的朋友們，將來我死了，
> > 請在墳上植楊柳一株。
> > 我愛那些柔情依依的枝葉，
> > 令我感覺親切的浸在月光中的淡白色，
> > 和樹影的時常輕輕撫摩那
> > 伴我長眠的黃土。
>
> 但願有生之年，我能有再訪星洲的機緣，到你靈前插上一枝楊柳，安息吧，劉老！」

我的心願終於實現了。1991 年 6 月，我應新加坡國立大學的邀請出席中文系主辦的「漢學研究之回顧與前瞻」國際研討會議，使我有重訪星洲的機會。臨出發前，我專程到杭州，在劉老工作過的浙江一師舊址（今杭州高級中學）校園內，找到一棵楊柳，折下

一枝，小心地用塑膠袋裝好，放在行囊中，儘管途中正好遇上蘇皖洪災，杭京道上在火車上度過四天四夜，趕不上班機，吃盡了苦頭，但最後總算在星航的協助下，換了下一個航班抵達星洲。經過暑熱折磨的柳枝已憔悴不堪，葉萎枝枯，但畢竟萬里迢迢帶到獅城，插在劉老的靈前。我想定會含笑以迎的！

永遠留在記憶中的那絲微笑
——憶許傑老師

　　回想起許傑老師，我記得最清楚的是漾在他嘴角的那一絲不易察覺的微笑。其實這微笑不是從嘴角漾出來的，而是從他那雙純樸的眼仁中放射出來的。倘若你有意去探尋，卻又無影無蹤。但只要你一接觸到他那雙帶著浙東山民般敦厚的眼仁，就有一種令人無法抗拒的力量。從他那淡淡的笑意中，感到他是一個耿直、善良的人。

　　1942 年，我在建陽東南聯大就讀，曾在街頭接觸到這一絲淡淡的笑意，彷彿是從那澄澈見底的溪水映照中漾開的。第二年，我考取暨南大學文學院，又在建陽文廟內那四棵碩大無比的桂花樹蔭下，常常會遇到這一絲微微的笑紋，好似從那撲鼻的桂花香味中漾開的。那時許傑先生在暨大任教，擔任中文系主任和教務長，我也已是暨大文學院學生，由於他沒有在我所在班級授過課，當時他不認識我這個因家鄉淪陷而流落到建陽山城的落魄學生，而我卻因愛好文學，早在進暨大之前，在老同學的指點之下認識這位著名作家，得知他是我們浙江老鄉，有一種自豪的親切感，很想去拜訪他，但終因種種原因不曾如願。當年我孤身隻影流浪在閩北，在暨大半年終因無力繳納學雜費用，被迫重新報考另一所可以享受公費的大學，依依不捨地離開了暨大，也離開了生活一年多的建陽。可是許傑老師眼仁中漾開的那絲微笑，不僅我察覺到了，而且永遠活在我的心中。

　　此後，天各一方，我沒有機會再見到許傑老師，但那絲微笑，卻常會在我的心湖中漾開。

一直到 1981 年，我以籌委身份出席浙江省紀念魯迅誕辰一百周年學術討論會，事先就知道許先生也被邀請來杭參加會議，心中彷彿懷著一個即將實現的心願。終於在開幕式上，一眼就看見許先生坐在主席臺上，他臉上漾開的那一絲淡淡的微笑，又勾起了我心中的記憶。我驚訝地發現，在建陽接觸過的許傑老師眼仁中那一絲不易察覺的微笑，還是那麼謙遜，那麼慈祥，那麼年輕！一等會議休息，我就迎了上去，行了第一次弟子禮，並吐露了自己對他老人家的思念和敬仰之情。

我曾多次想過：許老師出身寒微、早年喪母，負債累累，靠借貸和親友接濟才得上學，後又因反對舊考試制度而被學校開除，幸好得到進步教師的幫助，才得克服困難，讀到師範畢業。先後當過教師，開過書店，擔任過小學校長，圖書館資料員，做過地下黨聯絡工作，也曾被捕入獄，雖經保釋出獄，但終因白色恐怖，生活無著，不得不背井離鄉，飄泊南洋，任某華僑報紙主編。1930 年回國後，在廣州、安慶、上海等地大學任教，接著便因抗日戰爭爆發，轉輾湘、閩、皖、贛等地，歷盡顛沛流離之苦，好容易盼來新中國成立，卻又被錯劃成右派，遍嚐人生的淒苦……如此坎坷的生活道路，但留在他臉上的那絲不易察覺的微笑，始終不曾泯滅，這該需多大的毅力和豁達啊！

從 1985 年秋，我曾多次出境赴美、日、新、韓等國參加國際會議，每當路過上海，我都要去看望許傑老師，有時為了方便，還特地住到華東師大招待所。每次謁見，許老師總是把我當朋友似的談天說地。他那濃重的鄉音，解除了一切拘謹。留給我印象最深的，仍然是那一絲不易察覺的微笑。

這一絲淡淡的微笑，發自他內心的淡泊，即使在他春風得意擔任暨南大學教務長時，也不曾流露一點點傲慢的氣息。

　　這一絲微微的笑意，發自他襟懷的坦蕩，即使在他飽經人生的禍患，被打為右派之後，也沒有被磨滅掉一絲一毫。

　　這一絲淺淺的笑紋，發自他為人處世的真誠與坦白，儘管世事滄海桑田，幾經波折，他依然笑對人生。

　　微笑是美的，尤其是久經滄桑而不變的微笑，她有一種無窮盡的魅力，給人以啟迪，給人以希望，這是許傑老師臉上那一絲不易察覺的笑紋永遠活在我心中的最主要的原因。

樂平先生為我畫三毛

　　歲月像秋天的落葉一樣飄逝，但埋藏在心靈深處的記憶卻是永存。30多年前那個深秋，1978年10月11日至21日那十個日日夜夜，在江西廬山參加全國少年兒童出版工作座談會時，與新老朋友相聚的情景又從記憶深處，像放電影似地浮現出來。尤其令我難忘的是張樂平先生。樂平先生畫三毛名世。「三毛」在中國可以稱得上是個家喻戶曉的人物，凡是讀過《三毛流浪記》或看過同名電影的人，無不喜愛這個頭上只有三根頭髮的流浪兒。

　　1947年初一個風雪交加的夜晚，張先生在回家的路上，在一個里弄口，發現有三個凍得瑟瑟發抖的流浪兒，單薄的衣衫擋不住凜冽的北風，身上披著幾片破麻袋片，圍著一個剛熄火不久的烤山芋的爐子，用嘴吹火取暖。樂平先生駐足默視很久，心裏十分痛楚，當時他自己也實在無力幫助他們，只得黯然離去。當他第二天一早再經過那里弄口時，三個流浪兒已凍死了兩個，另一個骨瘦如柴的也凍得只剩一絲微弱的氣息了。一輛收屍車正要把屍體運走……

　　這幕場景，使一向熱愛兒童的張樂平的心靈受到了強烈的震撼。對被拋棄在社會底層的這些流浪兒的不幸命運，他同情，也十分關切。他感到這世道太不公平了，決心用手中的筆，畫出這些流浪兒的悲慘命運，向這個不合理的社會提出控訴。

　　就這樣，樂平先生筆下的三毛誕生了。1947年6月15日，張先生的傳世之作《三毛流浪記》開始在上海《大公報·現代兒童》

上連載。一個鮮活真實的流浪兒，沒有用一個文字，全用線條表現出來，他那心地善良、疾惡如仇、樂觀自信、機智伶俐的性格被刻畫得活靈活現。讓每一位讀者都感到可親可愛。我就是在《大公報》上認識這位三毛的。

其實，早在 1938 年，我就與張樂平先生在金華見過面。抗日戰爭爆發後，張先生在上海參加抗戰，組織了抗日漫畫宣傳隊，擔任副隊長。他於戰爭爆發的第二年帶隊到東南抗戰前哨的金華從事抗日宣傳，並舉辦畫展。一天，我到金華八詠門外紫岩路一號《刀與筆》社另一位畫家萬湜思處玩，有幸見到了張樂平先生。這時《三毛流浪記》尚未面世，也不知道樂平先生就是「三毛之父」。那時，我只是個喜愛文藝的孩子，而樂平先生已是名滿神州的青年漫畫家了。他是我非常崇拜的偶像，在我幼小的心靈中留下了十分美好的印象。而我在他眼中只不過是個十三四歲不諳世事的小孩，想來不會留下任何記憶。當我在廬山會議期間再次見到他，談及這段往事時，他感到有點驚訝。他談了在金華那段歲月中的一些人和事，萬湜思（姚思銓）、金逢孫、《刀和筆》、《浙江潮》、八詠樓、紫岩路……有關金華的這一切，深深地留在他的記憶裏。

在少兒讀物「廬山會議」即將結束的前夜，我又到上海代表團下榻的招待所看望上海兒童文學辦的朋友，正好碰上張樂平先生正在為向他求畫的朋友畫三毛。

當時圍在他身後看他作畫的人不少，許多新老朋友向他求畫，都希望能得到一幅三毛。我是在樂平先生畫的三毛教育影響下成長的，當然也急切地希望能得到一幅，看到他一連畫了四五幅，先後被與他有深交的文藝界朋友喜滋滋地領去了，我才鼓起勇氣說：「張先生，請給我也畫一幅，可以嗎？」

「當然可以，不過今天我實在太累了，等我回上海畫好再寄給你，好嗎？」

我隨手遞過去一張名片，請他按名片上的地址寄給我。說實在的，當時我也並不抱希望，心想他雖滿口答應，也許是一種礙於情面的托詞，只不過為了不想讓我太失望罷了。他回上海後，人事紛紜，有忙不完的事，不可能再起意為我作畫，我的願望只能一直埋藏在心底。日子一天天過去，我回家後一直沒有收到他的畫，這件事就慢慢地在記憶中淡忘。

到了 1980 年初春的一天，我突然收到一封寄自上海華東醫院的掛號信。拿在手上雖作了種種猜想，但想不出誰會在醫院裏給我寫信。拆開一看，竟是一幅三毛，如獲至寶，我感到分外的驚喜，眼眶裏不由自主地掉下淚來。張先生臥病在華東醫院的病床上，仍對自己的允諾牢記於心。這時，我才深深感到「一諾千金」這個成語的分量。在生活中，我們常見到形形色色「當面答應你，轉身就忘記」的人，往往見怪不怪。當我收到樂平先生這幅「三毛」後，激動得徹夜沒有睡著。諺云「烈火中煉金，諾言上看人」，樂平先生把自己許下的諾言看得比千金還重。看到這幅「三毛」，我彷彿看到樂平先生那顆金光閃爍的心。

半個世紀的一段翰墨緣

——記與豐子愷先生的一段交往

1947 年我患牙疾，找到杭州延齡路易昭雪牙科診所修補牙齒。易昭雪醫師是我家世交，我父親在衢州工作作時與他父親友誼情深，兩家常有來往。易醫師在杭州開的診所規模不大，在勝利劇院斜對面，僅一間門面，但易醫師當年在杭州卻是一位很有名氣的牙醫師。因此，我特地從金華趕到杭州去請他鑲補牙齒。那時，正好豐子愷先生也在他診所就醫，豐老口中僅留 17 顆牙齒，「不但毫無用處，而且常常作祟」，使他受苦不淺，易醫師勸豐老全部拔去，另配整副的義齒。由於同時在易醫師處就醫，使我有緣與豐先生相識，易醫師還主動為我向豐先生求畫。當年，我是個剛出校門的大學畢業生，而豐老則是著名的畫家、作家、音樂家，想不到他竟欣然應允，更高興的是不幾天，他就把一幅風格獨特的彩墨畫送給我了。

這幅畫題目是《家家扶得醉人歸》，畫面上畫著一角茅屋，數行輕飄的垂柳作襯景，並點明這是春季的社日，正中畫著兩位社日盡醉的人由家人攙扶著歸去。言簡意賅地突出了原詩的意境。左上角畫題一側還親筆題了「蔣風先生雅囑」6 個字。

那時候，豐子愷先生正在創作「唐詩新畫」系列作品。他送我的這幅也是借用唐詩意境傳達詩人王駕的《社日》的詩情。王駕是唐大順元年的進士，留傳下來的作品不多，《全唐詩》僅存其詩 6 首。而這首《社日》是膾炙人口的名篇，原詩僅 4 句：

鵝湖山下稻粱肥，

豚柵雞棲半掩扉。

桑柘影斜春社散，

家家扶得醉人歸。

春秋雨季祭祀土神的社日，是我國農村千百年沿習的風俗，詩人用最簡潔的筆法寫出節日的喜慶氣氛。而畫家豐先生別具匠心，畫出春社散後，為慶祝社日而喝得醉醺醺的村民，由家人攙扶著回家的情景。詩人沒有正面抒寫社日熱鬧與歡樂的場面，抓住喜慶高潮之後又漸趨寧靜的一個尾聲來突出村民社日那種興高彩烈的內心活動，寫出他們豐衣足食的喜悅，傳達了濃郁的詩意，不愧是大詩人的手筆。而豐先生則用更精煉的筆墨擷取「醉人」這個細節，畫出了山村社日的風景，不僅反映了豐富的內容，更以濃郁的詩情傳達了《社日》的意境，一眼望去，詩情畫意盡收眼底，是令人回味深長。

獲得這幅墨寶，確實是件幸運的事。那時我擔任《申報》記者，每天都有《申報》送來。記得我收到豐先生畫的不久，便看到《申報》刊出了豐老的一篇雜文〈口中剿匪記〉，作者以借題發揮的手法，用幽默風趣的語言，敘寫他在易昭雪醫師處拔牙的事，把他自己口中的病牙比作當年蔣介石政府中的貪官污吏，義正辭嚴地指出這是一夥「貪贓枉法，作惡為非，危害國家，蹂躪人民」的「官匪」，作者通過巧妙的比喻，勾勒了這批「官匪」醜惡的嘴臉。正好抒發了我當時對現實的不滿，於是我就把它剪下來貼在剪報本上留念。

我一直把這幅畫和這份剪報當作一份珍貴的精神財富收藏，可是在文革中抄家時卻全被抄沒。幸好這篇文章我發現已被選進中國

少年兒童出版社出版的《六十年散文選介》一書中，不難找到，最使我傷心的是這幅畫的失去。文革後，我到處打聽這批抄家物資的下落，一度傳聞說豐老的這幅畫已被紅衛兵用黑墨打上了一個大「×」，但是我還是毫不氣餒，再三尋找這幅畫的下落，得到點線索後，我便向有關方面交涉，奔波了三四年，才找到它的下落，並在落實政策時，才在我家被抄大量書畫文物的發還件中，發現還有這幅畫，急忙打開想看看這畫被破壞到什麼程度，有否修復的可能，我按捺住心跳展開畫幅，竟完好如初，既未被打上黑「×」，也未破損，幾乎樂得跳起來。

前年，金華縣豐子愷研究會成立，邀請我參加大會，我以一種特殊欣慰的心情帶著這幅珍貴的畫赴會。豐老的幼女一吟女士和豐老的學生胡志鈞先生都說，這確是一幅珍貴的畫，不僅最具豐老獨特的風格，而且在豐老的畫作中很少有這樣大尺寸的作品。當我在會上把畫作向與會者展示時，全場群情激奮，爆發了熱烈的掌聲，把豐子愷研究會的成立大會推上一個高潮。

半個世紀過去了。歷經劫難的這幅失而復得的畫，為我與豐子愷先生這段翰墨緣留下了一個永遠美好的記憶。

十載事，驚如昨

——回憶戈寶權先生的金華之行

感情是個說不清楚的事物，有時會在某個地方、或某一件事物上，留下難以忘懷的痕跡，並且會穿越時空，維繫到天長地久。我已記不清第一次見到戈寶權先生是在什麼地方，也回憶不起在什麼場合認識他的。近年因世事紛紜，俗務繁冗，也好多年沒有聯繫了。突然收到戈老夫人梁培蘭女士的來信，告及戈老近年患帕金森氏綜合症，現居南京邊休養邊治病，但仍情繫金華，不時想起 1984 年的金華之行。這封來信引起我一些已經淡忘的記憶。

從我和戈寶權先生淡如茶水的交往中，深感真摯的友誼確實是人生最美好的無價之寶。女作家三毛曾在她的《談心·談朋道友》中寫道：「朋友之中極品，便如好茶，淡而不澀，清香但不撲鼻，緩緩飄來，細細長流，所謂知心也。」回顧我和戈老的交往，確實有如此的感受。記得 1978 年，我在浙江師範學院創建了中國第一個兒童文學研究機構，人力物力財力都很困難，單憑一份天不怕、地不怕的幹勁，當了近三年光桿司令，我便報請學校當局批准，於 1983 年聘請了戈寶權、陳伯吹、葉君健、任溶溶、魯兵、黃慶雲、鄭文光、蕭平等八位著名學者、作家擔任浙江師範學院兒童文學研究室的特邀研究員，這幾位都是鼎鼎大名的學術界名流，在沒有一分錢的報酬情況下全都慷慨應允了。這不僅是對我新創辦的事業的無私援助，更在精神上激勵了我做好工作的熱情。

正當我以忘我的熱情投入兒童文學研究室的時候，我又意外地被任命為浙江師院院長。這是一所基礎十分脆弱簡陋的小型學

院，辦學的人力、物力條件都很困難，連原有的教職工都千方百計想調走，整個學院處於一種動盪的局面之中。我堅辭未准。為了穩住教職工的隊伍，我就任校長的第一件事就是想把這所簡陋的微型學院邊擴大邊設法儘快改名為大學。要使一所學院成為名副其實的大學，就得有濃郁的學術氛圍，因此就著手延攬一批名流學者來校講學、任教。戈寶權先生首先列入我擬邀請來校講學的第一批名單之中。

戈老是我少年時代就很敬仰的一位作家，早在抗戰前，他還是位二十多歲的青年，就是《大公報》駐蘇聯記者，在《大公報》、《申報週刊》、《世界知識》上發表極富文采的長篇報導，令我心醉。抗戰爆發不久，他便回國參加抗戰，活躍在新聞、文學戰線，成為當年抗敵文化界的一位活躍分子，擔任過《新華日報》、《中蘇文化》、《文學月報》等報刊編務。抗戰勝利後，主要負責編輯《蘇聯文藝》，大量翻譯、介紹外國文學作品，他翻譯的《普希金詩選》至今膾炙人口，在文學愛好者手中流傳。新中國成立後，曾擔任過我國駐蘇聯大使館參贊、代辦，中蘇友好協會秘書長，中國作家協會理事兼該會外事委員會委員，《譯文》、《世界文學》、《文學研究》、《文學評論》編委，曾多次率領文化界代表團訪問蘇聯、東歐各國，參加文化界的友好交流活動。從 1957 年以後，一直在中國社科院任研究員，專心致志地從事外國文學研究，翻譯出版了《謝甫琴科詩選》、《烏克蘭作家弗蘭科詩文選》、《塔吉克大詩人魯達基詩選》、《我是怎樣寫作的》（高爾基）、《高爾基傳》（羅斯金）、《十二個》（布洛克）、《馬雅可夫斯基詩選》、《唐克詩選》、《保加利亞詩人雅沃羅夫詩選》、《托康巴耶夫詩集》、《恰佑比詩選》、《吉亞泰詩選》、《拉扎爾·西理奇詩選》等數十種，對我國的外國文學研究，促進中外文化的交流作出了顯著成績，是我國一流的著名學者。

　　我當校長後，第一位來到浙師院講學的學者就是戈寶權先生。記得 1984 年春暖花開的三月下旬，戈老便偕同他夫人梁培蘭女士來到金華。這位曾任駐蘇大使館代辦的學者又是我國文化界的名人，卻悄然來到金華，我還來不及去車站迎接，伉儷倆已來到學校，當時我正在主持校務會議，等有人來告知戈老夫婦已到，我才匆匆結束會議，趕到招待所去看他們。一位名人竟如此樸實無華，使我感動不已。戈老才高學廣，但他從不憑恃自己的才學而輕人傲世，妄自尊大。與他相處，處處可以感受到他平易近人的學者風度。我陪戈老夫婦在校園裏走了一圈。當年的浙師院校園，還是個貧瘠的高村山背，設備簡陋，林木扶疏中點綴了一些土生土長的梔子花，一派山野風貌，戈老卻連聲稱讚：「這是個讀書的好地方。」

　　第二天，戈老在浙師院禮堂舉行了一場盛況空前的學術講座。他從不久前訪問蘇聯談起，談到中外文學關係和文化交流，學識淵博的他，面對數千聽眾，娓娓而談，談到動人處，禮堂裏掌聲雷動，有時又以幽默的言辭，贏得滿座歡快的笑聲。儘管戈老的普通話帶著濃重的蘇北口音，但豐富的內容，生動的事例緊緊地扣著聽眾的心弦，傾倒了全校師生。

　　這是我當校長時請到浙師院講學的第一位學者名流，不僅擴展了全校師生的學術視野，對我這個初出茅廬的校長，無疑也是一種精神上的支持。我深切地感受到，友情確實比世界上的任何東西都珍貴。

　　戈老在金華逗留期間，我陪他參觀了侍王府。這座全國重點文物保護單位，也是我國現存太平天國遺址中建築規模最大、保持原貌最完整以及保存藝術品最多的一處，因此他帶著濃厚的興趣，對陳列的每一件實物都一一仔細觀賞，旌旗、弓箭、盾牌、古炮、標語……無不留下戈老細細揣摩的目光。當然戈老最感興趣的還是侍

王府保存完好的 119 幅壁畫。當戈老走到《樵夫挑刺圖》前，看到畫家把樵夫挑刺時那種全神貫注的神態刻劃得維妙維肖時，他讚不絕口：「難得，難得！這是一批難得的文化遺產！」

從侍王府出來，我陪著戈老倆口沿著古子城的八詠路，登上因沈約《八詠》而得名的八詠樓時，李清照當年的《題八詠樓》詩：「千古風流八詠樓，江山留與後人愁。水通南國三千里，氣壓江城十四州。」便在戈老嘴中脫口而出，這個歷代詩人騷客會文吟詩之處，也給他留下風流千古的難忘記憶。

本想第二天陪他夫婦倆上北山暢遊雙龍時，因戈老的女兒即將出國，梁培蘭女士急著要趕回北京團聚一次，戈老連說：「下次有機會，我可以再來金華嘛！」

宋·毛开《滿江紅》詞云：「十載事，驚如昨。」回想當年在金華市第二招待所促膝夜談，戈老一再說今後還要來金華，還要來浙師院講學的神情面貌，至今歷歷在目，記憶猶新，但人事倥傯，世態煩忙，戈老那年離開金華後，一別不是十載，而是快 15 年了，真有「秋光易老，故人千里」的感歎，但願有一天再能與戈老相聚婺江之濱，共話西窗，偕遊雙龍。

今天，我展讀梁培蘭女士的來信，默禱著戈老早日戰勝病魔，恢復健康，踐約「再來金華」的諾言。遙望窗外的明月，我腦際漾起蘇軾的名句：但願人長久，千里共嬋娟！

留下一串笑容在夕陽裏

——緬懷詩人吳奔星先生

你走了，

沒有留下地址，

只留下一串笑容在夕陽裏。

——吳奔星《別》

今年四月下旬，我正忙著趕寫一篇約稿和校閱一部書稿，忙得日以繼夜，那些日子往往報也不翻，電視新聞也不看。吳奔星先生匆匆遠行的時候，我一點也不知情，所以連個唁電都沒有發，等我從他人的悼念文章中得知這個噩耗已是幾個月之後的事了。這件事，我一直感到十分內疚。

吳奔星先生是我景仰的詩壇前輩，我年青時也熱愛詩歌，記得在中學時代，就讀過他的詩集《暮靄》和《春焰》，十分欽佩他的詩才，成為我心目中的一位偶像。從文壇的一些介紹中，知道他是科班出身，畢業於北京師範大學國文系，不僅學養深厚，早年還參加過湖南農民運動、一二九學生運動，有豐富的生活經驗。早在上個世紀 30 年代就步上中國詩壇，與著名詩人戴望舒、路易士等一起辦過詩刊，提倡詩歌現代化，在中國新詩發展的漫長道路上，留下了詩人辛勤探索的腳印，無論在詩歌創作還是在詩歌理論方面，都給我們留下了不可磨滅的勞績。因此，早在 40 年代，「吳奔星」這個名字，已在我這個文藝青年的腦海留下一個鮮明的印象，可惜無緣拜識。直到上個世紀 80 年代，紹興師專舉辦「魯迅研究」系

列講座，邀請了學術界一批名家如錢谷融、徐中玉、嚴家炎、孫玉石等到紹興講學，其中就包括吳奔星先生，筆者也忝陪末座。這為我創造了一個拜見吳老的機會，在紹興有近一周的相聚、交談時間。這時的奔星先生是南京師範大學的名教授，在中國詩壇有很高的聲望，卻十分平易近人，待人接物，坦率真誠，與人交往時，臉上時時浮現一串親切的笑容。

　　高爾基說：「親切比世界上什麼東西還寶貴」。在與吳老一周的交往中，奔星先生的親切笑容好似有一種魔力牢牢地吸引著我，從此凝聚成深摯的友誼。在此後二十多年的交往中，雖然見面的機會不多，但感情卻隨著歲月遞增。記得我在編寫《中國現代兒童文學史》時，為了收集上個世紀二、三十年代有關史料時，吳老就熱情地提供幫助。他親筆撰寫了吳翰雲的材料。他告訴我，翰雲是他的叔輩，1895 年出生在湖南安化縣東坪鎮吳家灣。原名吳子厚，中學畢業後進中華書局工作，30 年代曾任《小朋友》主編，曾為孩子們創作了《兩個獵人》、《狐和長舌鳥》、《玫瑰花後》、《驕傲的螃蟹》、《狐和野牛》等 30 多種童話，《三個傻子》、《鹿的故事》、《紅毛野人》、《聰明的農夫》、《五隻石牛》等 30 多種故事，還有圖畫故事《小鼠跳繩》、笑話《立刻就來》、謎語《看不出》等 8 冊。這不僅為我撰寫《中國現代兒童童文學史》提供了不少珍貴的史料，也使這位解放後一直被湮沒的現代中國兒童文學開拓性人物得到彰顯。僅此一例，足以說明吳老十分關心後輩的學術工作。當年我在完成這項學術工程時，我就彷彿看到吳老臉上漾開一串欣慰的笑容。

　　1994 年離休後，又重新拾起年青時對詩歌的愛好，尤其對兒童詩更加關注。當閒來無事，喜歡讀讀新詩，也讀點詩論。在感情上與吳老便更走近一步。記得有一次在圖書館翻書的時候，發現了

一本厚厚的《中國新詩鑒賞大辭典》，主編就是我熟悉的吳奔星先生。於是這就成了我閱讀新詩的基本讀物，曾多次在各地書店搜購這本被學術界認可的好選本，遺憾的是未能如願。此後，我還讀了吳老的《奔星集》、《吳奔星新舊詩選》、《詩美鑒賞學》、《中國現代詩人論》等著作。有次聽朋友說起吳老發表在《文學評論》上的《試論「新月詩派」》是一篇很有學術價值的詩論，可說是新中國第一篇探討文學流派的論文，我還特地去找來拜讀，表現出一種年青人才有的熱情。這也許正是吳老終生與詩相伴的學術精神的感應，喚回我已經漸遠漸淡的對詩的愛好。我想要是奔星先生得知是他的詩作和人格力量喚回了我青年時代的愛好，一定會在夕陽裏留下一串欣慰的笑容。

吳老走完了人生最後一段旅程離開我們遠去，但他那親切的笑容卻永遠活在我的記憶裏。正如他的名句所寫的：

你走了，

沒有留下地址，

只留下一串笑容在夕陽裏。

一代宗師黃賓虹先生
——為黃賓虹誕辰百四十周年而寫

賓虹先生與我祖父蓮僧先生

　　黃賓虹先生 1865 年出生在金華，與我家毗鄰而居，成為世交。黃老的《八十感言》中曾提到：「吾降乙丑年，冥算猶甲子。受天知春遲，墮地得歲始」，按此推算，甲子應為清同治三年，即西元 1864 年。而「墮地得歲始」，即乙丑年正月初一，卻是 1865 年了。但黃老題畫則全是依據甲子紀年，曾刻有畫章「甲子人乙丑元旦生」。

　　從他出生一直長到 13 歲，黃老都生活在金華這座古城。他祖籍安徽歙縣。黃老的祖父黃德涵在金華經商，因此全家最初遷至金華東郊東關定居。黃老父親名黃定華，繼承祖業，也一直在金華經商。且事業有成，於是遷居金華市區，在鐵嶺頭置業。黃老即誕生在金華鐵嶺頭。這段時間正是黃定華一生經商最興旺的時期，生有四子二女，賓虹居長。他從小資質聰慧，四歲就開始讀書，黃定華對子女教育也十分重視，聘請經師在家設館啟蒙。

　　我祖父蓮僧先生也出生在清同治四年，與黃老同庚，且毗鄰而居。早一年，另一著名畫家倪淦（字泌泉）也出生在金華。泌泉父倪逸甫更是著名花鳥畫家，曾是黃老童年學畫的啟蒙老師。光緒初年，倪淦、黃賓虹、蔣蓮僧三人一起就讀於麗正書院，年齡相仿，都愛好書畫，經常相互切磋，交往甚密。據王伯敏編《黃賓虹》一書載：「16 歲左右一度在麗正書院肄業，在這個時期，他與蔣蓮僧

一起學畫。兩人年紀相仿，過從甚密。」據上海人民美術出版社出版的《黃賓虹畫集》（大型精裝本）的《黃賓虹年譜》中載：「西元1879年　光緒五年己卯　14歲，在金華與蔣蓮僧同學一起習畫。」早年兩人風格十分相似，都取法於董源、巨然、黃公望之間，尤似沈周、吳歷筆法，筆墨深厚，線條遒勁，逸氣縱橫，格調高雅。王伯敏在《金華書畫作品選集》序言中提到：「到了近現代，金華人文薈萃。有詩云：『子歲婺州黃質（賓虹）出，三百年來第一家』，又有蔣瑞麟，字蓮僧，與黃賓虹同庚，時人姜丹書作詩曰：「同是婺江自在身，畫壇贏得兩丈人。」即指的是賓虹、蓮僧先生。

黃蔣兩人，從小一起學畫，黃蔣兩家，也時相來往，關係極其親密，還可從以下幾件事中得到佐證：

其一，《黃賓虹自書年譜手跡》中說：「余在繈褓中時，隨父母至其家中，……有蔣蓮芝姐，長余一歲，（曾）議婚，未久其殤，年僅十歲。」趙志鈞著《黃賓虹年表》也有相同的記載：「九歲，在金華。次孫再來金華，薦請歙縣經師程健行，授四子書及五經，凡五年。與鄰居蔣蓮僧同習畫，並與其姐蔣蓮芝將議婚，未果，十歲卒。」（人民美術出版社《黃賓虹精品集》，266頁，1991.5）

其二，年青時，兩人多次相約，暢遊名山大川。現有據可查的，如光緒十一年秋，曾結伴同遊縉雲仙部等名勝。此後多次由黃陪同余紹宋、黃曉汀等畫家來金華遊覽北山雙龍勝景，並探討畫藝。

其三，光緒末年以後，黃賓虹在上海商務、神州國光等出版機構任職，每有書畫新書出版，都要選購一冊寄贈我祖父，如《國粹學報》、《神州國光集》、《神州國光集外增刊》、《名畫集冊精品》、《中國名畫集》、《神州大觀集刊名品》等。還有宣統三年黃老與鄧實在上海合編的《美術叢書》，初版線裝本一出，就在扉頁上題寫了「黃

賓虹自滬寄贈」寄給我祖父。黃苗子著《畫手看前輩》一書中說：
「黃賓虹先生又是最早以銅版和珂羅版印刷介紹我國古代繪畫的
一個人。他所編的《神州國光集》及有正書局出版的《中國名畫集》
是早已膾炙人口的。」所有這些新穎的書畫書籍一經面世，他都不
會忘了給在金華的這個童年畫友選購寄贈。

其四，民國 8 年，我祖父與王質園等準備在金華城內創辦金華
電燈公司，自任經理，但因企業草創，乏人協助，就曾想到請黃賓
虹，邀請他擔任協理，因故未能如願。

其五，民國 15 年黃賓虹在上海成立藝觀學會，蔣立即熱烈響
應，除捐資贊助外，還成了會員，時常創作畫幅寄滬研討，得在滬
同仁的讚賞。

其六，民國 19 年，黃賓虹出任中國藝術專科學校校長時也曾
邀請我祖父前去教中國畫。

其七，民國 23 年，我祖父七十、祖母六十雙慶，黃賓虹曾創
作大幅山水賀壽。

其八，民國 23 年秋，我祖父得意門生張書斾為他在上海金
城工藝社出珂羅版影印的《蔣蓮僧先生畫冊》，書名也是請黃老
題寫的。

黃賓虹的山水畫藝術

我不會畫，更不懂山水畫藝術。這裏只能談一點讀畫感受，就
敎於各位專家和畫壇大師。

黃老是「三百年來開正宗」（余任天語）的一代宗師，因為他
開創了新一代中國畫藝術之風，樹立了新的里程碑。他美學底蘊深
厚，熱愛大自然，認為「中華大地無山不美，無水不秀」，這塊中
華民族世世代代繁衍生息的華夏大地，美就美在「山川渾厚，草木

華滋」，所以，當他落筆為畫時，師法自然，用筆用墨之法，無不源於自然。他說：「山有脈絡，石有棱角，夠斫之筆不變；水有行止，木有榮枯，渲淡之筆可變。用筆能變，參差離會，大小斜正，肥瘦短長，俯仰斷續、齊而不齊，是為內美。」他認為大自然很豐美，但有雜亂，作畫也不應照相式的寫生，須用藝術之眼光加以剪裁。整齊劃一，又背離了自然之美。因此他的作品，都能源於自然而文高於自然。

黃老以書入畫，是以金文小篆為基礎。當他飽覽祖國名山大川之後，留下「山川渾厚，草木華滋」的美學印象，形之於畫，從疏野到慎密，從豪放到流暢，運筆用墨，墨色氤氳，無不展現著生動活潑的內涵，更蘊藉著自然、純樸的幽情遠思，就是用他獨特的積墨法表現的。在他的《畫法要旨》中曾加以詮釋：「積墨法以米元章為最備。渾點叢樹，自淡增濃，墨氣爽朗，此天所不能勝人者，思陵（趙槽）賞題其畫端云：天降雨時，山川出雲也，董思翁書《雲起樓圖》謂元章多鉤雲，以積墨輔其雲氣，至米友仁，全用積墨法畫之。」黃老用其理論付諸實踐，喜用並善用積墨法畫山水，由輕而重，直至濃墨打點，以點作皴，沿皴作點，表現出無限層次，形成濃、緊、密、黑的獨特藝術風格。這一特色，在他晚年的山水畫中更為突出。

黃老一貫主張書畫同源，他說：「畫源書法，欲攻畫法，先明書法，而明書法必先探其源流，繼而洞悉古今之書法理論，然後細究用筆用墨之法，必如此之臨池之功，始見深厚。」黃老自己就是以書入畫的實踐者，通古博今，集書畫名家於一爐，形成「計黑當白」、「大象無形」的大氣勢風格。他是傳統書畫藝術的集大成者，也是承前啟後的典範，值得我們後學者的細細探究，好好學習。

我的祖父蔣蓮僧先生

　　先祖蓮僧先生（1865—1943），浙江金華人。學名蔣瑞麒，初字蓮蕪，後改用蓮僧，號蓮道人，別號古寧越蓮僧、鹿田老農、赤松山民、卅六洞天樵者、小鄒魯人、佛圖咒缽生，晚號幾稀老人等等。生於同治四年，卒於民國 32 年，葬於金華城北郊野貓塢。清光緒初年秀才，補廩膳館生，宣統年間一度任金華府議會議長。民初創辦金華貧民習藝所，自任所長，安排貧民學藝就業，為桑梓貧民解困，並親自動手，指導工人同操作，精製金石竹木各式文具、工藝品，產品深受時人贊許，曾獲得過巴拿馬萬國博覽會金獎。後應聘擔任浙江省第七中學圖畫教師多年，培養了張書旂等出類拔萃的畫家。進入中年，更為造福桑梓而熱心社會公益事業，集資在金華城首創電燈公司，擔任經理，解決全城照明和工業用電；又主持金華北山名勝管理委員會，開發故鄉旅遊資源；擔任金華佛教會會長，弘揚佛法。抗戰軍興，金華電力有限公司為當地政府接管，卸去經理職務，專事書畫自娛，直到辭世。

　　先祖自幼資質聰穎，勤於治學，年輕時與黃賓虹、倪淦同學，一起在麗正書院讀書習畫，相互探討，過從甚密；與黃賓虹友誼更為深厚，不僅協同合作，廣搜歷代畫家作品和畫論，時相切磋。當先祖倡議創辦金華電汽公司時，就聘請黃賓虹當助手，足證關係之不一般。

　　先祖蓮僧先生從事畫藝數十年如一日，勤耕不輟，厚積薄發。初畫花鳥，專攻書法，兼作工筆人物，無不惟妙惟肖。四十年後，

專擅山水，取法董源、巨然、子久，尤喜用石田、墨井筆法，師其心跡，但不拘一格，更求脫出，筆墨灑脫、簡潔，筆力蒼勁，氣韻淳古，渾厚清雅。晚年寫書作畫雖手腕顫抖，但更顯其筆力潑辣、老練。先祖認為：「學畫尤當學字，字不佳畫也不足觀。」他身體力行，學畫同時苦攻書法，從二王入手，兼習隸篆，遍臨漢魏六朝傳世諸碑貼，旁通各家，深諳前人行墨之精微意趣，並悟腕運之妙理，遒勁清麗，完美統一。因此，無論書畫，均博採眾，深得精髓，更師自然，攝造化之精神，充胸間之丘壑，於是逸氣縱橫，筆墨淋漓，清新高雅，頗具風骨，因此享譽中國藝壇。

　　上海人民美術出版社出版的《中國美術家辭典》曾作介紹：「蔣瑞麒（1864—1940），字蓮僧，號蓮道人，浙江金華人。清光緒（1875—1908）間秀才，歷任圖畫教師，兼工山水、花卉。卒年七十六。」（筆者按：此處生卒年有誤）。上海人美出版的「中國畫家叢書」《張書旂》（洪瑞）一書亦曾提及：「1920年，書旂二十一歲，畢業於金華七中。有兩位使他終生難忘的啟蒙老師，一位是他在金華七中時的蔣蓮僧老師。他名瑞麒，號佛圖，原是浦江人，與張書旂同鄉，後住金華，清代諸生，與黃賓虹極友善，初畫花卉，晚年致力於山水，取法巨然、石濤之間，筆力渾厚，色墨俱到。張書旂繪畫成績優異，深為蔣氏所受重。後來張書旂在南京中大時，曾推薦蔣進中大任教，又替他出版《蔣蓮僧山水畫冊》（民國26年，上海金城工藝出版社出版）。在南京時又寄給他一本《汪采白山水畫冊》，親筆題著『贈給蔣蓮僧先生留念』。」（筆者按：此處將籍貫誤寫成浦江，將浙江七中誤為金華七中）。

　　在習藝道路上，先祖廣交藝友，不問長幼，相攜共進。既有張大千、于右任、徐悲鴻、黃賓虹、黃曉汀、汪采白、程豔秋、賀天健、俞劍華、郁曼陀、蔡寒瓊談月色夫婦等書畫名家，亦有晚輩如

張書旂、余紹宋等，連當年名不見經傳的如武義徐從河等學藝青年，個個以誠相待。徐通過裱畫師陳瑞雲和范玉驪引薦求見後，連續兩個月，先祖經常批閱評點他的畫作，離去時，還贈畫十二幅，贈序一篇，且不斷有書信往還近百封，歷經半個多世紀之後，從河仍感激不盡，慨歎曰：「金玉良言，一生受用不盡。」余紹宋亦曾於 1946 年在回憶中提及：予識蓮僧先生垂三十載，每相見必切磋畫學，承其盛獎，許為忘年之交，蓋先生長於予十八歲也。」記得 1933 年先祖父七十、先祖母六十雙慶大壽，盛況空前，除上述海內畫壇鉅子外，還有謝无量、金兆豐、金兆梓等名流，均寄書畫祝壽。先祖於前一年預先在老屋旁新建了三間平房，當作展室，懸掛一滿，琳琅滿目，美不勝收，成為當年金華一次高品位的名人書畫展。

志行高潔，潛心藝術是先祖蓮僧先生畢生的追求。他淡泊名利，不慕虛榮，躲避官場的應酬。有一年，他去北京，同鄉邵飄萍設宴洗塵，送來請柬上列了一班高官作陪，先祖一看，藉故當夜避往天津。他不僅終生不仕，且沒有開過一次畫展。學生張書旂成名後，曾會同畫壇名家張大千、徐悲鴻一再邀請先祖去南京中央大學藝術系任教，均被婉言謝絕，張書旂又動員學生以學生會名義邀請，乃舉薦畫家汪采白去頂替。畫壇好友黃賓虹、賀天健、俞劍華等曾多次邀請先祖去京滬等地舉辦個人畫展；抗戰軍興後，阮毅成也曾邀請他去浙江臨時省會永康方岩辦展，均被一一婉謝。先祖從藝六十餘載，作品當以千計，雖曾出版過《蔣蓮僧畫冊》、《蔣蓮僧山水畫冊》、《蔣蓮僧畫頁》等，但從未舉行過畫展。

由於幾經戰火、動亂，先祖書畫遺墨，除了手頭保存了一本手錄的《赤松山志》外，我家已蕩然無存。十年動亂結束之後，我一再想從收藏者手中借來影印出版一本《蔣蓮僧書畫集》留個紀念，

但均因種種原因未能如願。如今先祖唯一的入室弟子姚貽慶先生傾其所有，苦心收羅，初具規模，擬編印成集，完成了我多年的宿願，欣然遵囑略作介紹。

賀敬之先生到我家作客

聽說賀敬之、柯岩夫婦要到金華參加首屆中國艾青詩歌節，心情確實有點激動，於是打電話給槐榮同志想證實這一傳聞，事情也真無巧不成書，正好市里派他和戰堡同志去機場迎接，苦於從未與賀老夫婦見過面怕接個空，我便主動請纓，願意與他倆趕往杭州國際機場迎接這對貴賓。

冒著迷蒙的江南春雨，在高速公路上走了一百多分鐘，趕到蕭山機場，離航班到達還有半個多小時，就在機場茶室小憩。下午二點零五分航班到達時刻，便到出口處等候，我因與柯岩比較熟悉，又因自己視力不好，為便於從旅客流中發現迎接對象，更多注目女性旅客。但一直到本次航班旅客走完，也沒見到柯岩。這時槐榮同志發現出口西側有一位儒雅的長者和一位年青人在焦急地等待著，跑過去一問，正是賀老和他的秘書。於是我也趕過去握手問好，才得知柯岩同志因病不能同行。於是一起離開機場，仍在春雨霏霏中往回趕路。

在途中，我與敬之同志談起 1986 年 10 月底邀請他夫人到浙江師大講學時的轟動場面，受到全校師生熱烈歡迎盛況，在我當師大校長期間，只有另一次邀請自衛反擊戰英雄報告團的演講能與之相比。在閒聊中，也聊到那次柯岩到金華時我趕去車站迎接的既狼狽又尷尬的情景。因為在上個世紀 80 年代中期，那年月的金華，完全像農村型城市，既沒有計程車，連公交車也沒有，甚至人力三輪車也難見蹤影。柯岩是 10 月 31 日凌晨乘火車到達金華站的，前一

47

天我在師大叫辦公室派好車，說好在火車到站前一小時到我在市區勝利北街宿舍，先載我一起去車站。我怕睡過頭，就早早地起來等著，可是等到離柯岩乘坐那次列車預定到站時間僅半個小時也不見車影。那年月不用說手機，連駕駛員家裏也沒裝電話。我給駕駛員值班室掛了多次電話也掛不通。我只得關照老伴，讓她告訴小車駕駛員沿著我指定的路線趕上來，我便跑步向老火車站趕。等我趕到火車站，柯岩已在出站口臺階上等著了。我告訴她，稍等片刻學校有小車會來。與她一起在焦急的心情中等呀等，盼呀盼，同時也希望能找到一輛三輪車，送我們去賓館。又等了 20 來分鐘，我只得無奈地向客人表示歉意，扛起柯岩隨身帶的一個人的行囊，徒步走到金華一招（今天的望江賓館），到服務總台為客人辦好入住手續，預訂的房間又在六樓，當年的一招雖有電梯，但因是深更半夜，電梯停止使用，我又背起那個大行囊一口氣上六樓。幫柯岩安頓好，我才舒了一口氣，冒著秋夜的寒意漫步回家。

聽完我講的故事，敬之同志為之動容，感歎著說：「啊，還有這麼一回事，大學校長為她背行囊，柯岩還未曾跟我談起過呢！」

往事如煙，但也有不少記憶猶新。邊談邊聊，從蕭山機場回金華不到兩小時的行程，很快就過去了。五點多到達國貿賓館。在為敬之同志安排的房間裏坐下稍事休息。楊守春部長留我一起參加湯書記為賀老洗塵晚宴，我因已應約晚上要為新世紀學校文學社小朋友講詩，婉謝後匆匆離去。

第二天接市里有關方面通知，說敬之同志邀我共進午餐，應邀趕去參加徐市長的歡迎午宴。受浙師大領導囑託想請賀老到師大去看看，我便在宴席上代師大領導發出口頭邀請，同時我也希望他在金期間能擠個時間到我家吃頓便飯。他與秘書商量安排了在金活動

和行程後，決定當晚八時到我家作客，並請師大領導一起到我家會見。宴畢，我把這個決定性意見帶回家，商討晚上如何接待這位貴客。老伴感到這個家實在有點寒磣，說「賀老是大詩人，又是部長級的高官，在這樣簡陋的家中待客，是否太怠慢了。」她想到兒子家裝修不久的新房子，客廳比較寬暢，建議我放到兒子家去接待這位貴賓。我卻認為還是在自己家中接待比較合適，我說「儘管賀老當過文化部長，但沒有絲毫高人一等的官架子。」我介紹了 1992 年到敬之家作客，被柯岩留下共進晚餐情景，感到從晚餐飯菜到用餐時的氣氛，都跟一般老百姓家庭沒有什麼不同。我把聽到有關賀老的一件軼事講給老伴聽：有一次大會上主持人介紹來賓時說：「賀敬之先生」，賀老立即糾正：「不是先生，是同志。」這些反映了他堅定的政治信仰，也反映他平等待人的做人原則。我還翻出敬之同志的詩句作證：「呵，／『我』，／是誰？／我呵，／在哪裏？／……一望無際的海洋，／海洋裏的／一個小小的水滴，／一望無際的田野，／田野裏的／一顆小小的穀粒……」我竭力主張還是保持本色、原汁原味放在自己家窄小的客廳接待這位來自北京的遠客。因為賀老的行程安排十分緊，也就不勉強他到我家便飯，就買點茶點水果招待。

　　八時前，師大徐輝校長和黃華童副書記早一刻鐘到達我家等候，敬之同志和他的秘書在市委金副秘書長陪伴下准點到達，我聞聲趕下樓去迎接，他已略有氣喘上到二樓，稍息我扶他上到四樓我家客廳坐下。我向賀老介紹了年青有為的徐校長和黃副書記，他就十分關心地問起當代大學生的思想傾向和對馬列主義的信仰，兩位師大領導一一作了彙報，並介紹了師大近年的發展情況。敬之同志聽了之後，瞭解師大學生思想傾向還是健康的，他好似放心地舒了一口氣。接著他就跟大家聊家常。我老伴回憶起 18 年前柯岩來我

家作客情景,也談到柯岩很想嚐嚐金華風味小吃毛豆腐,跑遍全城也買不到的遺憾。賀老說,他到金華後與他夫人通了電話,提及當年大學校長為她背行李的往事,柯岩要敬之同志到金華後一定要去看看蔣風夫婦。我和老伴都為她這份深情厚意所感動。

時間在我們親切的閒聊中逝去,九點半師大領導起身告辭,說要留點時間讓我們再與敬之同志好好聊聊。送走徐校長和黃副書記之後,我們又坐下聊了半個小時,看看快十點了,賀老也站起身要回賓館休息。儘管還有談不完的話題,考慮到賀老年紀大了,不好影響他休息,不便挽留,便再次邀請他夫婦明年艾青詩歌節再來金華作客。賀老便叫秘書拿出兩本書,一本《賀敬之短詩選》,當即簽名送我和老伴留念。另一本《詩人賀敬之》,他鄭重聲明:「這本書我就不簽名了,是詩人賈漫的著作,其中有許多溢美之辭,如簽上我的名,就變成我承認書中這些過分的讚美了。」多麼虛懷若谷的詩人啊!

依依不捨地送走客人,我老伴感歎地說:「真想不到一位部長級的高官,又是世界著名詩人,竟如此謙虛,如此平易近人,真想不到,真想不到!」我想,親切比世界上什麼東西都珍貴。2004年2月24日在我心中留下一個永遠難忘的夜晚。

我人生道路上的一盞明燈

——緬懷陳伯吹先生

　　今年是我國現代兒童文學的開拓者和奠基人之一的著名兒童文學作家、理論家、出版家、資深編輯陳伯吹先生誕辰 100 周年紀念。陳老的家鄉寶山區委、區政府、中國作協兒童文學委員會、上海市作協、少兒出版社、文匯報社在羅店舉辦系列紀念活動，我認為是件意義重大、特別值得稱頌的事。因為這不僅是對陳老這位兒童文學前輩的緬懷，也是對陳老一生功績的充分肯定；更重要的是在兒童文學尚未被人們充分認識的今天，通過這一系列活動，可以進一步推動全社會對兒童文學事業的重視，認識兒童文學在加強未成年人思想道德建設中無可替代的意義和作用。

　　以我為例，我的成長和我對陳老的認識，就是從陳老的兒童文學作品開始的。記得上個世紀 30 年代中期，我小學四年級時，買到一本北新書局出版的《阿麗思小姐》，作品中的主人公就是一位反抗強暴的「大無畏的小戰士」，她敢於同大蟒皇帝的軍隊戰鬥。在那日本鬼子侵佔我東三省後又步步向華北進逼的形勢下，喚醒了我那顆稚嫩的童心中的民族意識。當我讀到阿麗思決心抗戰到底，在戰壕上用白粉寫上：「迎戰萬惡的帝國主義者」！「弱小民族抵抗侵略萬歲萬萬歲！」等等標語，在那反侵略的抗日戰爭爆發的前夜，也激起我少年心中的熱血沸騰。儘管今天看來，這部陳老的早期作品比較粗疏，留有明顯的圖解生活、影射現實的痕跡，但它卻反映了陳老進步的兒童文學觀。他的創作一開始就具有鮮明的時代色彩和政治傾向性，與他一貫堅持兒童文學的

教育性和作為作家的歷史責任感與樸素的愛國心分不開的。從讀
《阿麗思小姐》開始，陳老的兒童文學作品一直成為我喜愛的讀
物。陳老的兒童文學觀也成為我一生從事兒童文學理論研究的指
路明燈。愛因斯坦說得好：「我們待人接物的態度，大部分取決於
我們童年時代無意識地從周圍環境吸取的見解和感情。」我想我
後來不願留在淪陷區當亡國奴，孤身隻影流亡到閩北，歷盡艱險
度過那些苦難歲月，以至於後來走上兒童文學這條光榮荊棘路，
都是和讀陳老的兒童文學作品分不開的。記得陳老在上個世紀 80
年代一次交談中談及他也因不願做亡國奴，越過重重封鎖線逃離
淪陷了的上海，經杭州到金華，在過金華通濟大橋時，遭到日寇
崗哨的毒打，但他仍想盡辦法逃出淪陷區，到大後方去尋找生路。
這雖是後話，但也印證了陳老通過自己的創作對小讀者的一種人
格感召。

　　粉碎「四人幫」後，從 1978 年秋出席在江西廬山召開第一屆
全國少兒讀物出版工作座談會，到 80 年代中前期參加文化部在全
國各地舉辦的兒童文學講習會講師團，以及兒童文學界多項學術活
動，使我有機緣更多地與陳老接觸，向他請教，對陳老的人品和性
格有更多地瞭解和認識。在這篇短文中不可能一一敘說陳老感人的
故事，僅想講三兩件不大為外人所知的軼事。

　　記得上個世紀 80 年代前期，文化部組織的兒童文學講師團到
廣州講學時，在講學的間隙，東道主招待我們去南海參觀一家公社
遊樂園，園內有一圈電馬，電鈕一按，電馬不僅會飛速旋轉，每頭
電馬還會不停地前上後下地翻動，一下昂首飛奔，一下低頭迅跑。
東道主邀請講師團中年青力壯者上去玩一下，這時陳老童心畢現，
躍躍欲試，也要騎上去飛馳一下。陳老是我們講師團年齡最大的一
位，已近 80 歲的高齡，大家都勸他不要上去，東道主更是再三勸

阻，但陳老執意要騎上去試一試。東道主當然不便拂逆。電鈕一撥，電馬便飛旋起來，騎在飛馳的電馬上，陳老開心地笑了。東道主和同行者的心卻隨著電馬越來越快的速度，越揪越緊了，擔心這位即將進入耄耋之年的長者，萬一從飛馳的電馬上摔下來，有個三長兩短該如何是好？10分鐘後，電馬終於在電鈕的控制下緩緩停下來，在場的觀眾的心才慢慢寬鬆下來，而陳老卻像小孩子一樣意猶未盡，還想在電馬上轉一會兒呢！

1984年6月，文化部在石家莊市開全國兒童文學理論工作座談會。會後招待與會者遊覽蒼岩山名勝風景區。當年各地道路路況都不好，從石家莊到蒼岩山下，來回要花七八個小時，出發前大家就勸陳老不要去，天氣炎熱，旅途勞累，怕陳老受不了。陳老沒有同意。經三四個小時的顛簸來到蒼岩山下，考慮到上山山高路峻，大家又勸陳老在山下走走看看風景，不必再去爬一兩小時的山路了，陳老仍不同意，還是隨著大家緩步上山，有說有笑，十分開心。到山頂後，有人攀著鐵環爬上一個土堡，上去過的兩三個人，都說上面沒有什麼新奇的東西可看，但仍阻遏不了陳老那顆好奇的心，這位七老八十的長者，仍不畏艱難的攀援著上去一探究竟。從這可以看到陳老的那顆不泯的童心。正是這顆可貴童心讓陳老為中國兒童文學事業作出了不朽的貢獻。

著名兒童文學家賀宜，生前曾對陳老作過一個非常確切的評價：「在我們中國，從古到今，將60年歲月全部貢獻給兒童文學事業，陳伯吹稱得上是第一人。」陳老一生不僅為孩子們創作了大量各類優秀的兒童文學作品，包括童話、小說、散文、詩歌，如《一隻想飛的貓》、《駱駝尋寶記》、《中國鐵木兒》、《飛虎隊與野豬林》、《從山崗上跑下來的孩子》、《搖籃曲》等，同時還為孩子們翻譯了許多外國兒童文學經典作品，如《漁夫與金魚的故

事》、《百萬隻貓》、《綠野仙蹤》、《獸醫歷險記》、《小夏蒂》等，他更是中國兒童文學理論界的泰斗，在新中國建立最初十年間，那時中國兒童文學理論可說一片空白，陳老卻一連出版了四部理論著作：《兒童文學簡論》（1956）、《作家與兒童文學》（1957）、《漫談兒童電影戲劇與教育》（1958）、《在學習蘇聯兒童文學的道路上》（1958）。以上這些充分證明陳老對中國兒童文學事業所作出的巨大貢獻。陳老從 17 歲當小學教師開始，一直辛勤工作在兒童教育和文化崗位上，默默耕耘，或做教師，或當編輯，或為孩子寫作，都是為了育人，都是一位辛勤的園丁。正如他自己所說的：「教師是教育園地上的園丁，而作家是文藝園地上的園丁，是個確確實實的園丁，而且已經當了 70 多年的老園丁了。」一生勤勤懇懇地耕作在這方不被人們重視的土地上，真可謂「鞠躬盡瘁，死而後已」。不妨再舉一兩事例：

從我與陳老半個世紀的交往中，我認為陳老是一位自奉十分儉樸的長者。直到古稀之年，有事外出仍常去擠公交車，從不捨得打的乘計程車。但為了繁榮發展兒童文學事業卻非常慷慨。1981 年，他把自己一分一分積攢起來的 5.5 萬元稿費，全部捐獻出來，倡議設立了「兒童文學園丁獎」，用來獎勵優秀的新人新作。在今天看來 5.5 萬元是個微不足道的數字，可是在上個世紀 80 年代以前，在那稿費每千字不足 10 元，甚至僅 3 元 5 元的年代，要積攢這筆數字，得耗費老人家多少心血啊！

進入文革後的新時期，陳老已成為中國兒童文學界公認的泰斗，他一方面仍繼續為孩子們創作新作品，還不斷地為兒童文學理論建設作新的探索，更難得是他毫不吝嗇地擠出大量時間和精力用於扶植新人。在捐獻稿費設立「兒童文學園丁獎」獎勵新人新作的同時，還為不少青年作者寫下許多序文。他說：「對文友們

出版作品，囑寫序文，也能有求必應。例如《彩色的星》、《孔雀的焰火》、《火牛兒打鼓》、《勇敢者的道路》等等，直到今天從不停止，已有 140 多篇序文了。」寫序得先把書的內容從頭到尾看過一兩遍，才能動筆，是項十分繁重的任務。十多年間寫了 140 多篇序文，核算一下每月都得為他人看一兩本書，十多年間才能完成 140 多篇序，得花多少心血啊！

1978 年秋，我從廬山會議帶回編寫《兒童文學概論》的任務，除把自己在大學裏的教材修訂成《兒童文學概論》，在湖南少兒出版社出版外，我又聯繫發動北京師大、華中師大、河南師大、浙江師院和杭州大學五院校兒童文學教師集體編寫了一本《兒童文學概論》。成稿後，編寫組要我出面請陳老作序，當時我擔心陳老工作繁忙會遭到婉拒，只好試探著提出請求，意外的是陳老滿口應允，欣然同意。在這篇序文中他提到兒童文學在新中國仍是一支幼苗，「惟其幼小，所以希望就正在這一面」，「作為老師、家長、社會人士，都該來關心、愛護，讓人類的下一代健康的茁壯成長。祖國的繁榮，民族的昌盛，世界的未來，都在他們身上」。在這裏從一個側面反映了陳老晚年不遺餘力、不懼繁瑣，一而再，再而十，十而百地為後輩們出書寫序的苦心和深意。據我瞭解，陳老為後輩們寫的序文就曾先後彙編成四集出版，即《他山漫步》（1984 廣東人民）、《天涯芳草》（1987 河南海燕）、《火樹銀花》（1990 甘肅少兒）、《蒼松翠柏》（1996 河北少兒）。我們只要讀讀陳老這些序文，一位呵護兒童文學事業的巨大的慈祥形象就會聳立在眼前。

從上述提到的一些細小事例，我們處處事事都可感受到陳老的人格魅力對年青一代的影響是無可估量的。單從我個人的感受來說，陳伯吹先生是中國兒童文學事業的一位偉大的楷模。他始

終是我走在兒童文學這條光榮荊棘路上的指路明燈，指引著我終生無悔地奮然前行。

2006.7.9 於杭州望江山

一生追求生命的燃燒

——悼念葉君健先生

葉君健先生走了。兒童文學世界又殞落了一顆璀璨的星辰。

1月5日夜，我如往常那樣，打開電視機收看中央電視臺播出的晚間新聞，聽到著名作家、翻譯家葉君健先生逝世的消息。使我心頭有如堵上一塊沉甸甸的鉛，腦海裏浮起一連串意識流……

我是1978年秋在江西盧山第一次見到葉君健先生的。那年，我應邀出席國務院所屬八部委聯合召開的第一次全國少年兒童讀物出版工作座談會，正好葉老也從北京來參加此會。在一天飯後的散步時，他告訴我，1932年，日本帝國主義攻打上海的炮火，轟毀了他「科學救國」的幻想。他受魯迅棄醫從文的影響，便在這一年考上武漢大學，也學起文學來。開始用十多個不同的筆名寫雜文，在當地報刊上發表，同時他用當時在東歐許多弱小國家流行的世界語寫了一些短篇小說，於1937年彙編成《被遺忘的人們》出版。1982年6月，文化部先後在瀋陽、成都兩地舉辦兒童文學講習會，聘請陳伯吹、葉君健、劉厚明、洪汛濤、任溶溶、郭風和我等擔任講師，使我有更多時間與葉老相處。

1984年，我有機會與葉君健先生再次在石家莊見面。這年6月16至29日文化部舉辦全國兒童文學理論座談會，我因有病本來想不去，因羅英同志來電催邀，只有帶病赴會了。葉老已先我而至。在石家莊與葉老談話的內容已經淡忘，只隱約記得他談起從日本歸國後，正好全民族的抗日救亡運動在紅紅火火的進行，他參加了當年郭沫若領導的政治部第三廳工作，同時也參加發起中華全國文藝

界抗敵救國協會工作，可是這種局面沒有維持多久，便因武漢淪陷而偃旗息鼓。

半年不到，第四屆中國作協會員代表大會在北京京西賓館舉行，我有幸作為代表出席大會，使我有緣與葉老再次相聚，只是會議安排較緊，規模又大，談話機會不多。依稀記得他說到他赴日留學時，他與日本著名作家秋田雨雀的交往，彼此都是世界語學者，都曾用世界語寫作，因此建立深厚情誼。

最使我感動的是這年 5 月底，中國作協浙江分會舉辦浙江省從事兒童文學著譯三十年作家表彰大會，我和呂漠野先生等 18 位作家受到表彰，葉君健先生和陳伯吹先生風塵僕僕分別從北京和上海來祝賀，使我感到分外的激動。

與葉君健先生交往中，最使我終生難忘的是 1989 年 8 月，臺灣兒童文學作家林煥彰先生一行七人到合肥，與安徽兒童文學作家舉行交流。安徽省作協兒童文學創作委員會邀請葉君健等先生和我參加會議。主人安排我和葉君健先生同住一室，令我欣喜不已。

我最感興趣的是他從事安徒生童話的翻譯經歷。他說：「開始系統地閱讀歐洲文學作品時，想起自己單調和枯燥的童年，便特別注重歐洲文學界推崇的安徒生童話。想把這些作品完整地移植過來，作為我們兒童文學的借鑒。因此從 1947 年秋天起便開始這一項工作的準備，每年都要利用寒暑假去丹麥兩次，住在丹麥朋友家裏，瞭解他們的生活，感受丹麥人民的思想感情，也吸進丹麥這個北歐小國所特有的童話空氣。」他告訴我：「在丹麥的冬天，尤其是在耶誕節前後，這種空氣特別濃郁，彷彿真的進入了童話世界。」從閒談中，我才瞭解到葉老為了翻譯 16 卷本的《安徒生童話全集》，專門為此而學會丹麥文。他在翻譯過程中，還一一對照了英文和法文譯本。正因為葉老嚴肅而認真的態度，在全世界數百種安

徒生童話譯本中，只有葉君健的譯本被丹麥的漢學家譽為是「比安徒生原著更適於今天的閱讀和欣賞」的譯文。因此， 1988 年丹麥瑪格麗特女王二世授予葉君健相當於爵士勳銜的「丹麥國旗勳章。」

　　從我和葉老二十多年的交往中，我深深地感受到，他的一生追求的是生命的燃燒，對生活的熱愛，對兒童的熱愛，從他患癌症以來的六年多時間，仍然爭分奪秒，且見縫插針地在文學創作和翻譯領域辛勤開拓，直到今年年初，絲毫不鬆懈。真可謂鞠躬盡瘁，至死方休。

　　葉老在走完他八十有五的人生道路後，終有所歸，這是自然規律。但消息傳來，我仍為失去一位素所敬仰的前輩而深深地悲痛。

　　今天我翻開他送給我的每一本書，在扉頁都留著他的簽名，我想他是不朽的。他不僅永遠活在我的心中，我相信也永遠活在每個中國人、每個中國孩子的心中。

人世幾回傷往事

——緬懷洪汛濤先生

汛濤走了，我是從發稼兄打來的電話中才得知這個噩耗的。因為汛濤已走了多天，連發個唁電的時間都來不及了。一直想寫點悼念的文字，每次提起筆來，都因一種悲感襲來而不能成文，我總感到他走得太突然了。因為去年七月，《作文週刊》在杭州舉辦小作家夏令營時，正好我在杭州望江山療養院體檢休養。抽空也趕去出席開幕式，意外地遇到很久未見的汛濤夫婦。他的頭髮雖已白了很多，但仍神采奕奕，絲毫沒有病態，心想比前幾年五臺山筆會時見到他時更健康。真意想不到這一別不到兩個月，他就突然走了。

往事悠悠，這些天來，我的腦際常會浮現出汛濤的身影……

二十多年前，有一天郵遞員同志給我送來一本書，拆開一看，是一本極富藝術魅力的《神筆馬良》。封面上畫著小馬良騎在他自己用神筆劃的大駿馬上，正用神筆劃出的一張弓一支箭射中企圖害死他的敵人，像飛一樣的向前馳去……多麼迷人的書啊！

這是著名兒童文學作家洪汛濤三十年來的作品選集，由人民文學出版社出版。翻開書的扉頁，凝視著親筆題簽的筆跡，彷彿又見到了這位老朋友的親切的面影。

曾用「田野」作為筆名發表作品的洪汛濤，是浙江浦江人。1928年農曆閏 2 月 29 日出生在浦江縣城的一個城市貧民家庭裏。童年時代的小汛濤，大部分歲月是在外婆家度過的。他的外公本是個讀書人，可是在考場卻並不順心，沒能謀得一官半職。進入中年以後，便在小縣城裏辦了個滬杭等地報紙分銷處，靠給訂戶分送報紙為生

計。生活在外婆家的小汛濤，從小便與報刊結下了不解之緣，養成了每天讀報的習慣，報紙成了他最早的啟蒙讀物，並在這所「新聞學校」裏得到了知識的營養。

隨著年齡的增長，從讀報到愛上了書，可是在那「長夜難明赤縣天」的舊社會，一個貧困家庭的孩子，要想得到一本課外讀物，是多麼不容易啊！儘管他從偶然到手的《圖書目錄》中，知道世界上有專門為孩子們寫書的作家，有專門為孩子們出版的兒童讀物，在他的小腦海裏已經記住像安徒生、貝洛爾、王爾德、格林兄弟、史蒂文生這樣一些令人神往的名字，在想像中翻騰著《一千零一夜》、《伊索寓言》、《大人國遊記》、《小人國遊記》、《魯賓遜飄流記》、《愛麗思漫遊奇境記》這樣一些富有魅力的書名。但都像那個賣火柴的小女孩擦亮一支火柴折出現的幻覺一樣，在小汛濤眼前成了可望不可及的東西。連當時我國出版界專為中國孩子提供的《稻草人》、《寄小讀者》、《兒童世界》、《小朋友》這樣一些印刷粗陋的書刊，也很難為一個窮鄉僻壤的窮孩子得到。於是，小汛濤只得和小夥伴們用自己的小手「辦報紙」編報，用自己的小手「辦書局」出書，用來滿足處於萌芽狀態的求知欲。童年時代這種近似遊戲性質的活動，成了他一種美好的嚮往，也許正是作家後來走上兒童文學創作道路的契機吧！

後來，小汛濤上學了。他進的那所縣立中心小學，有一個間陋的圖書室，成了他著迷的處所。那櫃子破破爛爛的舊書，不到一個學期，就全被他閱讀過了。他成了個書述，到處借書看。當他小學畢業前，已把《西遊記》、《水滸》、《三國演義》、《封神演義》、《精忠嶽傳》、《鏡花緣》、《今古奇觀》、《儒林外史》等古典小說都讀過了，還看了不少武俠小說、公案小說。儘管這些不是兒童讀物，卻也幫助他擴大了視域，啟迪了他的心智，豐富了他對生活的認識。

就這樣，書成了他的一個最好的啟蒙老師，引導他愛上了文學。直到今天，他還深有感觸地說：「書，對一個孩子來說，非常重要。」

愛讀書的少年洪汛濤，走著一條坎坷的人生道路。貧困的生活際遇，動亂的戰爭歲月，迫使他失去了按部就班地受完小學、中學基礎教育的機會。在漫長的抗日戰爭烽火中，他的家鄉淪陷了。戰爭的浪潮把他推進了社會大學，他在艱困的生活中開始學習寫作，並為他創造了一個廣泛接觸民間文藝的機會，也為他日後從事文學創作奠定一個良好的基礎。他說：「我這個人，從來興趣就是多方面的。年輕時，愛好文學外，還學過畫，刻過章，練過書法，也弄過音樂；對我好像什麼都有吸引力，都想試試。」後來，他自己認為「算專搞文學了，也是小說、散文、詩、劇本、雜文都寫。」

在學習中長智慧，在積累中長才幹，剛進入青年期的洪汛濤，已經顯示出他文學上的才華，於 1946 年出版了處女作詩集《雲燈在看你》（青年作家月刊社），1948 年又在活力出版社出版了第二詩集《屍骸的路》。在寫詩的同時，他就開始為孩子們寫作，在《新少年報》上發表作品。

解放後，洋溢著青春活力的洪汛濤，投身了革命的隊伍，先在上海市軍管會文藝處工作，仍孜孜不倦地從事業餘創作，出版了短篇集《和平的鄉村》（通聯書店 1952 年）。少年兒童出版社成立後，他被調去任編輯。這一工作上的變動，為他實現童工時代就已萌發的心願提供一個機會。從此，他專門為孩子寫作。他曾自豪地說過：「我決計把寫作其他方面作品的興趣丟開，專心一志來給兒童們寫作了。」開始進入兒童文學領域，他也是十八般武藝樣樣都試一試，各種樣式的體裁，他都寫。後來這些年，他「就集中寫童話和小說」，出了兒童小說集《蛇醫傳》、《一幅插圖》、《緊急任務》等，童話集《神筆馬良》、《十兄弟》、《夜明珠》、

《三個運動員》、《魚寶貝》、《望夫石》、《不滅的燈》、《半半的半個童話》等。其中不少佳作，被選入各種選集，並被譯成外文，受到國內外小讀者的熱烈歡迎。尤其是《神筆馬良》，富於幻想，帶傳奇色彩，具有鮮明的民族風格，在國內出版了二十餘種版本和改編本，還被譯成多種外文，行銷國外。由作家自己根據這篇童話改編的美術電影《神筆》，不僅轟動我國美術片影壇，而且在國際上曾四次獲獎，因此馳譽中外。在 1980 年第二次全國兒童文藝創作評獎中榮獲一等獎。《神筆馬良》打動了一代又一代的觀眾，已成為我國廣大少年兒童所熟悉和喜愛的人物。前不久有媒體報導香港先濤公司投資 7000 萬港幣拍攝《神筆馬良》電視劇的消息。最近又有美國的米拉麥克斯公司又要將《神筆馬良》推向卡通世界，這無疑使《神筆馬良》更具國際性的影響。

正當作家才華初露的年代，我國人民遭受了一場毀滅性的文化浩劫，這位致力於為兒童寫作的年富力強的作家，也逃不脫林彪、「四人幫」的黑手，不僅被批鬥，被抄家，還被長期下放到工廠，勞動了八年，度過了十多年嚴峻而艱難的歲月，後來他還惋惜地說：「『四人幫』橫行時，我失去了十多年的時間，這正是我最寶貴的壯年時期。更可惜的，是在那『抄家』的浩劫中，我被毀去了七十多萬字的作品的原稿，有長篇，有中篇，有短篇；有小說，有童話和十幾本厚厚的生活手記。那是我青年時代，點點滴滴聚積起來的心血和汗珠。」聽到這種出自肺腑的感歎，誰的心靈能不被激起共鳴呢？當時，我的心也在發聲：多麼值得惋惜的一宗宗文化財富啊！

經歷黑暗，才懂得光明的可貴；度過冬天，才更體會春天的溫暖。粉碎「四人幫」後，當了八年工人的作家洪汛濤，又回到他熱愛的工作崗位上，重新拿起了筆。他發誓要把失去的時間抓回來，

他日以繼夜地為孩子們發奮地寫啊、寫啊,寫出了一系列受到小讀者歡迎的作品:《一張考卷》、《誰先見到雷鋒叔叔》、《白頭翁辦報》、《神筆牛良》、《慢慢來的故事》、《向左左左轉先生》、《夾竹桃》、《小芝麻奇曆記》等童話作品,還結合他多年兒童文學創作實踐,撰寫了散文詩體的兒童文學理論三萬多字,編成《兒童‧文學‧作家》由河南少年兒童出版社出版,受到各界重視,汛濤自己也很高興:「也想不到這本書出版後,竟受到各界的矚目,一下子初版售完了。」

不想搞理論的汛濤,卻在許多全國性的講習會、研討會上被邀講童話,因此寫了一份詳細提綱,於是於 1986 年出版《童話學》,此為新中國第一部《童話學》的專著。

前年,我進入七十五,有些學生要給我慶壽,雖經再三婉謝,但仍被傳播開去,汛濤不知從何處得到信息,特地欣然命筆,題寫了一幅「文移北斗,壽比南山,春風桃李,一代宗師」墨寶寄來,使我慚愧得無地自容。

跟汛濤相處近半個世紀,來來往往,腦海深處有挖不盡的記憶。金華是汛濤的故鄉,今天我在婺江之濱明月樓下,往事一一湧向心頭,書不盡,寫不完,只得借劉禹錫的兩句詩來寄託我的哀思:

　　人世幾回傷往事,

　　山形依舊枕寒流。

畈田蔣之憶

——回憶與艾青相處的一段日子

　　這是浙中丘陵地帶的一個平凡的鄉村，但那裏曾經刻印著一位詩人的不平凡足跡，因而在千百萬人的記憶裏留下一個永不會忘懷的地名。

　　如今，這位詩人走了，走得很遠很遠了。不知他還記得那裏一草一木否？還記得自己的故居否？

　　而我，曾在那裏生活過二十幾個日日夜夜，在腦海鏤刻了一個永遠的記憶。

　　那是 1953 年春天，詩壇泰斗詩人艾青解放後第一次回鄉，我以金華市文協主席的身份，迎接這位人民詩人歸來。他是深入生活，為收集浙東抗日除頑的鬥爭史邂逅回到故鄉金華。那時我正好患嚴重神經衰弱症，不久前在講壇上暈倒而在家休息。他便動員我：「去去去，跟我一起去我老家休息幾天！」就因為這個偶然的機緣，我來到這個名叫畈田蔣的村莊。除我和他外，當年金華地委為考慮詩人的安全，特派了一位警衛員隨行。

　　畈田蔣，我是第一次到，但並不陌生，我曾在詩人的筆下神遊過。詩人是傾注深情這樣描寫的：「它被一條山崗所伸出的手臂環護著，山崗上是年老的常常呻吟的松樹」；還有紅葉的楓樹，戴著帽子的果實的櫟子樹，還有被雷霆劈斷主幹的老槐樹，還有「外面圍著石砌的圍牆或竹編的籬笆」的果樹園，還有「村路邊的那些石井」，村子裏「用卵石或石板鋪的曲折窄的小道路，它們從鄉村通到溪流、山崗和樹林」，鄉村中間有一個平坦的曠場，「大人們在那

67

裏打麥、攏豆、曬穀、篩米……長長的橫竹竿上飄著未乾的衣服和褲子」，就離這曠場不遠，就是詩人的老家。據說詩人誕生的老屋子已因祝融氏的光顧而付之一炬，這是在村中按原址原樣重建的新居，新居也不新了，在那半新的大門上貼著一塊「光榮人家」的小牌匾，用來標示詩人是一位趕赴革命聖地延安的老革命，令人增添了幾分敬意。

從左側的旁門進去，突進眼簾的一座三間兩廂的民居，雖不富麗，也不堂皇，但在當年這個「卑微的沒有人注意的小小的鄉村中」，也稱得上是夠體面的二層樓房了。主人就把艾青和我安頓在左側樓下廂房內。進房巡視一周，室內除了一張三尺二寬的單人床外，就是靠窗朝向天井的一張半方桌和一對木靠背椅，別無他物。用今天的眼光看，不僅簡陋，實在有點寒酸。隨行的那位警衛員則安排他住在大門內與堂前後的過道裏，不知是否出於警衛的需要，就在大門裏用一方門板臨時搭了個鋪。艾青和我都是從戰爭年代走過來的，習慣於因陋就簡，也就兩人合睡那張三尺二寬的單人床。

晚上，那時的畈田蔣尚沒有電燈，一盞煤油燈供我們照明，沒有書報可看，即使有書報可看，那暗淡的燈光也無法供我們同時讀書照明之用。每當晚飯後，從村邊散步回來，便並頭共枕躺在那張不太寬的木板床上聊天，絕大部分時間是聽他聊他自己過去的故事。從他呱呱墜地，他父母因聽信算命先生一派胡言，說他的生辰八字與父母相克，被送到大葉荷一戶農婦家哺養，過了一個沒有快樂的童年，等回到他自己工商業地主家庭，反感到抬手舉足都格格不入，感到十分不自然，這更遭到父母的白眼，拉大了親子的感情距離，同時也陶鑄了他那叛逆的性格。他沒有聽從父親的教誨，既沒有學經濟，也沒有學法律，「由於對他的兒子的絕望，我的父親曾一夜哭到天亮」。他還是悖逆父親的希望，選擇了畫筆，考到了

西湖藝專。在藝專只學了一年，就因出色的藝術資質，引起校長林風眠的關注，勸導他說：「你別在這裏浪費自己的青春了，還是去巴黎深造吧」，「帶著少年人的幻想和熱情」，他就用無數功利的話語，騙取父親的同情。正如他在《我的父親》這首長詩裏描繪的一樣，「一天晚上他從地板下面，取出了一千元鷹洋，兩手抖索，臉色陰沈，一邊數錢，一邊叮嚀：『你過幾年就回來，千萬不可樂而忘返！』」……

　　談不完的故事，有時勁道上來，如數家珍，可以徹底不眠。也許鄉村生活實在太枯燥單調了，白天還可到附近山野田間走走，一到掌燈時分，除了聊天就找不到別的消磨時間的方式。也許那段時間剛好他正與夫人韋熒鬧離婚，內心有許多感情要發洩，而身邊只有我這個可以談談的朋友，他把鬱積的情愫，全化作故事向我傾訴。每到晚飯後散步歸來，便早早躺在床上，聊呀聊到兩人都進入夢鄉為止。

　　他告訴我，在巴黎街頭流浪的那些歲月，從彩色的歐羅巴揀回一支蘆笛，「在大西洋邊，像在自己家裏般走著」，餓著肚子，用畫筆塗抹著拿破崙的鑄像、春藥、凱旋門、酒精、鐵塔、女性、歌劇院、盧佛爾博物館、銀行、交易所……所有巴黎的聖誕的一切。最後，「空垂著兩臂，走上了懊喪的歸途，」回到上海不久，他便因參加左翼文藝活動而被捕，關進捕房的監獄，透過唯一的鐵窗，「對於一切在我記憶裏留過烙印的東西，都在懷念著……」就在一個下雪天，使他想起以乳汁養育過他的保姆，寫了傳世的名篇《大堰河——我的保姆》……

　　抗戰以後，走出監獄，他隨著抗日救亡隊伍到了佳林，他說到了這個風景秀麗甲天下的名城，怎樣與韋熒相識，後來到昆明，又因韋熒大膽熱情的追求而結合。在周總理的引導下去了延安。這時

韋熒生了孩子，好動的韋熒愛跳交誼舞，常常把嗷嗷待哺的孩子交給艾青，詩人抱著餓得哇哇叫的孩子找遍延安的每一個舞會……

我就像一個愛聽故事的孩子聽《一千零一夜》一樣，聽著詩人談自己的往事，度過了一個又一個畈田蔣之夜。

那年，詩人是為深入生活回來收集創作素材的。極富傳奇色彩的從裁縫成了游擊英雄的楊明經，就是他採訪的主要對象。在畈田蔣的那些白天，楊明經一有空就來到艾青的故居，就在我們下榻那間廂房裏窗下的半方桌旁，詩人坐在正中一邊聽，一邊記，楊明經坐在半方桌的橫頭的木靠背椅上，繪聲繪色地談他敵後鬥爭的故事，談他被迫轉移後，把一批槍支交給他年邁的媽媽，埋藏村外的墳墓中，儘管敵人一次次把這位可敬的媽媽關進監獄，一次次被嚴刑拷打，但她寧死不屈，……這就是詩人完成的長詩《藏槍記》始末。

有時，楊明經有事不能來，有時確實寫得太累了。他就拉著我到村外田野裏轉轉，尋覓他記憶裏的那些難忘的鄉村景色：

> 我想起鄉村邊上澄清的池沼——
> 它的周圍密密地環抱著濃綠的楊柳
> 水面浮著菱葉、水葫蘆葉、睡蓮的白花。

有一次，走到村外一個水塘邊，他深深地為那裏水面浮著的菱葉、水葫蘆葉、睡蓮的白花所吸引了，駐足欣賞，久久不願離去，讓我帶去的那架古老的手照，按下了一個又一個畫面。記得在那二十多天裏，一共用了兩卷黑白軟片，當他離鄉回京時，全部要去帶走了。

這個被詩人一再咒咒過的想趕快逃離的村莊，但他卻又深深地眷戀著它。

為什麼我的眼裏常含著淚水？

因為我對這土地愛得深沉……

當我匆匆寫下這段難以忘懷的記憶，我彷彿看到詩人遠行之前走出生養他的畈田蔣這片土地時，那點點晶瑩的淚花又在他那佈滿皺紋的眼角閃爍……

傷心故人去

——憶伴艾老上雙尖山

　　偶翻舊相冊，發現 45 年前與艾青同攝於雙尖山石階上的照片，不勝唏噓。「逝者不復見，悲哉長已矣。」白居易的《感逝寄遠》中的詩句，自然而然地浮上腦際。我還清晰地記得在畈田蔣村度過的那二十幾個日日夜夜……

　　一天，在「大堰河」的兒子蔣正銀的陪伴下，我也隨艾青攀登雙尖山，尋找他童年的夢境。那情那景，歷歷在目。今天早晨醒來，窗外樹上有鳥在婉轉地鳴叫著，正如艾青在《雙尖山》中所抒寫的：「在早晨的清靜的空氣裏，它的歌聲這樣嘹亮而又圓潤。這歌聲引起了我的記憶，我在家鄉雙尖山的峰頂，也聽見過這迷人的歌聲……」那是一個暮春的下午，在艾青童年的夥伴陪伴下，我們沿著伏虎岩和太陽嶺之間，一條窄長的山谷，沿著幽暗的林木一步步向上攀登，在那懸岩的邊上，開著魅人的花朵，在那高聳的樹端，有鳥兒自由自在地歌唱著，好似從山岩裏流出的清泉，唱得那麼悅耳，唱得令人心醉；艾青駐足傾聽，也許他又想起那逝去的童年，想起童年的夥伴；想起童年時聽過的鳥鳴。春天的山野，確實迷人，山徑兩旁，開滿了映山紅，撩撥著人們無盡的記憶。這林間的山徑中，幽靜極了，除了此起彼落的鳥聲外，好似再也沒有別的聲息了。艾青隨手從山徑邊採擷了一束映山紅，這時「隨風飄來一陣鳥叫，叫得這山野更幽靜了。」他脫口吟出古人的詩句「鳥鳴山更幽」。他深深地被山野的幽靜所陶醉了。隨行的人心都受感染了，誰也不出聲，屏息地傾聽這大自然的贈予。

　　當我們下山時，走過一泓清泉，艾青停步觀看，那巨石下潺潺流出清澈的泉水，發出淙淙的聲音，彷彿又勾起詩人深情的回憶，發呆似的默視好久好久。後來詩人在他的詩篇《雙尖山》中是這樣描繪他當時的感覺：「像一條銀蛇滑進了草叢，不見了，忽然又出現在林木那邊，於是，沿著山谷流著，流著，經過了我的村莊，流向遠方……」這是艾青自 1937 年離開故鄉，如今回到闊別十六年的生身之地，又是童年時代與小夥伴經常嬉戲的雙尖山，孩提時代朝夕思慕的雙尖山，腦海裏該有多少起伏不盡的波濤啊！正是這次遊山攬勝，在詩人心田中播下了詩的種子，回到北京二年後，一個鳥鳴聲中的暮春的早晨，動聽悅耳的鳥聲喚起了他深情的記憶，寫下了《雙尖山》這不朽的詩篇。

　　我凝視著舊相冊，凝視著與艾青在雙尖山山徑上的合影，往事如昨，而艾青已走了二年了。劉禹錫的詩句點出了我此時此刻的心情：「人世幾回傷往事，山形依舊枕寒流。」不久前，我陪韓國友人許世旭教授訪問艾青故居時，我在畈田蔣村邊，遙指山嵐掩映下的遠山，談到當年伴艾青遊雙尖山的情景時，深懷「傷心故人去」的感慨。

艾青回鄉組曲

我國當代卓越的詩人、中國作家協會副主席、金華市文學藝術工作者聯合會名譽主席艾青，於今年 5 月 27 日回鄉，探望了金華畈田蔣村的故居，訪問了母校金華一中，參觀了太平天國侍王府紀念館等處。短暫的三天，他的足跡留下了一個個動人心弦的音符，構成了一章優美的樂曲。

歸

正是榴火耀眼的時節，詩人帶著遊子火樣的思念熱情歸來了。在這塊哺育過他的土地上，一山一水、一草一木，在他的眼裏都披上了一層迷人的光彩。

儘管詩人的足跡印遍了全球的南北西東，無論是妖豔繁華的巴黎，還是令人神往的智利海岬；無論是風光旖旎的日內瓦，還是勝似蓬萊仙山的富士；要是拿它們跟詩人的故鄉山水相比，這些名山勝地，在他的心目中不免黯然失色，都不及故鄉山水親切。

詩人僕僕風塵、帶著倦容而歸，心底卻那麼激動。你看，他那雙朝著車窗外凝望的眼睛裏，正在傾瀉著無盡的深情……

是急切地想看一看洋橋山上那「紅葉子像鵝掌般撐開著的楓樹」？

是想親一親那埠洋塘邊婀娜的濃綠垂柳？

是想憑弔一番用乳汁養育過他的「大葉荷」的孤墳？

是想再次攀登雙尖山頂峰探尋當年遊擊隊員的腳印？……

你看，詩人的眼眶裏又漾著晶瑩的淚花，請不要探問什麼原因，我理解他──因為他對養育過他的土地愛得深沉。

迎

走過了多少小路，經歷了多少風霜，詩人又回到了這個心裏日夜縈迴的小村。

這位詩壇的巨人一跨出車門，整個村莊就被激情溢滿了，彷彿每個空間都蘊藏著詩。

老農放下耕犁趕來了；農婦連臉上的煙煤也來不及擦一擦，從灶披間聞聲跑來了；小夥子兩腿帶著泥從水田裏快步走來了；少女挎著滿籃新摘的桑葉從林間奔來了……

詩人童年時代的小夥伴，如今已龍鍾老態，邁著遲鈍的腳步也來了……

人叢裏更不少了那些紅通通的小蘋果臉在攢動……

在這所誕生過一個偉大生命的樸素房屋裏，人們用歡聲笑語迎接著這位遠方歸客。

有的邊看邊說，有的竊竊私語，有的指東畫西……

坐在詩人身旁的他的一位親人──他心裏永遠懷念的大堰河的兒子──他們談那位深愛過她的乳兒、帶著悲苦命運離開人世的人，談已經從沉睡中起來的村莊，談播種、收割，也談明天的希望之歌……

人們都帶著崇敬而又驚異的神色，談論著這位既熟悉又陌生的親人。無數的歡樂的音響，匯合成一支迎賓曲……

整個村莊都沸騰了。

讓鄉親們都歡騰吧，用摯情歡迎這位永不休止的歌手！

尋

這裏沒有詩人記憶中的睡蓮的白花；

這裏沒有詩人思念中的爬滿蔦蘿的籬笆；

這裏沒有詩人不能忘懷的鬢髮灰白的鄉村裏最老的老人；

這裏沒有詩人時刻浮現在腦際的用汙手擦著眼睛的童養媳們……

當詩人走進這座古老的太平天國侍王府紀念館，當詩人驅車來到早已搬過家的母校，他的腳步，放得那麼慢，邊走邊凝神細思，是在尋覓些什麼呢？

是在尋找當年李世賢指揮千軍萬馬叱吒風雲的雄姿，還是感歎歷史的風雨和時代的洪流？

是在尋找少年時代在這裏留下的那些已經淡忘了記憶，還是想從今天幸福的一代身上重溫童年那些充滿活力的夢境？……

他望著侍王府紀念館裏每一件陳列品時，都那麼出神，

他握著母校的小校友們的手時，神情是那麼親切，

他雖然沒有說多少話，從他那謙和的微笑裏，從他那尋覓的眼神裏，好似跳動著使人迷醉的詩句……

你，就是一首不朽的詩
——為艾青作品國際研討會而作

你的詩，是不朽的。

你的名字，也是不朽的。

因為，你，就是一首不朽的詩。

你的藝術道路是一首不朽的詩。它是多彩的，閃光的。

在西湖藝專，你以自己的畫贏得了非凡的讚譽，帶著一身桀驁不馴的傲氣，遠渡重洋，負笈巴黎，卻丟掉了多彩的畫筆，拾起了閃光的詩筆，從妖豔的歐羅巴，吹著一支蘆笛，回到寒冷的古國，用沈鬱的感情，抒發了對神州大地深摯的感情。

你筆下誕生的一首首不朽的詩，伴我走過漫長的人生道路。

少年時代，我讀《大堰河——我的保姆》，它以對勞動人民的摯情，以對舊社會不平的憤慨，以濃厚的泥土氣息，也以迴盪的旋律，震顫了我稚嫩的心。

青年時代，我讀《我的父親》。這首寫於延安整風運動中的自傳性質的詩篇，你開誠佈公地展示自己地主成分的父親，既有叛逆，也帶同情，卻以無比的勇氣講了真話，閃耀出藝術的光輝，使我肅然起敬。

進入老年以後，我重讀《黎明》、《火把》、《向太陽》，也讀新作《在浪尖上》、《光的讚歌》，我為你多彩而閃光的藝術所傾倒。寫於 68 高齡的那首《魚化石》裏，跳動著一顆永遠年輕的詩心，更使我欽敬！

　　你的詩，一片純真的感情，像泉水一樣澄清，似碧玉一樣晶瑩。這當中有你的嚮往，有你對美的追求，它放射出奪目的光華，它凝蘊著神奇的力量，勾攝著每一位讀者的心。

　　你用自己的詩句鋪成一條藝術的路，路的盡頭熠熠生輝。

　　你的人生道路也是一首不朽的詩。儘管它是崎嶇的，坎坷的。

　　在走向生活的起步點上，你沒有把那窮僻的小村莊，當作永世不變的王國，你背叛了家庭的意志，沒有進政法學校，當一名家庭私有財產的守護神。

　　你成了地主家庭的叛逆者，浪跡天涯，好像一個孤兒，失落在人間。

　　可是，「雪落在中國的土地上，寒冷封鎖著中國呀」，祖國的呼喚，你眼裏含著淚水回到寒冷封鎖的土地，因為，你「對這土地愛得深沉」。等待你的卻是租界捕房的鐐銬與監禁……

　　中華民族求生存的全民抗戰的烽火，激起了你新的詩情，你高舉著「火把」，奔向桂林、重慶，奔向延安，迎接「黎明」。

　　勝利的喜悅漾遍全國後不久，你卻被剝奪了歌唱的權利，流放北大荒、石河子。

　　儘管道路是如此的漫長，艱辛──

> 不知明天的車輪
> 要滾上怎樣的路程
> ──而且
> 中國的路
> 是如此的崎嶇
> 是如此的泥濘呀！

　　你的心仍然是一片純真，你的心地裏充滿一片光明。

　　沒有怨恨，沒有歎息，你一步一個腳印經歷了生活萬般的磨煉，經受了命運種種的考驗，不懼風雪的侵襲，不畏嚴寒的打擊，終於走出了難堪的泥濘，又用自己魅人的歌喉，迎來了生命的又一春。

　　你的詩，是不朽的。

　　你的名字，也是不朽的。

　　因為，你，就是一首不朽的詩。

灼灼燃燒的生命

——艾青的詩品與人品

　　艾青是當代中國的一位偉大詩人，是我國現實主義詩人的傑出代表，是時代的歌手，人民的詩人。詩人臧克家認為：艾青的詩是五四以來最好的詩。1985 年 3 月 12 日，法國駐華大使馬樂代表法國總統和文化部授予艾青以法國最高勳章時說：「在法國的朋友當中，我們為有一位中國最偉大的詩人艾青先生而感到自豪。」艾青在詩歌的園地上辛勤耕耘了六十多年，取得了卓越的成就，贏得了中外讀者一致的好評。

　　艾青說：「為人和寫詩，是兩位一體的，而且只能如此。艾青是這樣認識的，也是這樣做的。他把自己灼灼燃燒的生命融化在自己詩的藝術之中，表現出一位藝術巨匠的才華，而受到全世界讀者的尊敬。

　　艾青姓蔣，名海澄。是浙江省金華縣畈田蔣村人，1910 年出生。今年是他 85 壽辰。他本來是學美術的，後來才接觸了詩，丟下了畫筆，撿起了詩筆。不論是詩，還是畫，都是出眾的。我讀過他的詩，也看過他作畫，才作出上述評價。他自己曾用過一個幽默的比喻：「雞下了鴨蛋，或者說鴨下了雞蛋。總而言之還是蛋，只要不是壞蛋。」從這句話也可想見他對自己道路的選擇是有一條嚴肅的準繩的。

　　艾青早年的詩歌，是從舊中國貧苦的農民和故國寒冷的大地這雙重的觸接中孕育出來的。他從歐洲「帶回了一支蘆笛」，但戰爭的離亂和苦難，沒能讓他吹奏恬淡的生活牧歌，卻使他的痛苦的感受凝結成「這不公道的世界的咒語」。

　　《大堰河——我的保姆》是艾青的成名作，寫於 1933 年 1 月 14 日，1934 年 5 月 1 日的《春光》一卷三期首先發表了這首詩。詩一發表，立即轟動詩壇。茅盾在他的論文中說：「新近我讀了青年詩人艾青的《大堰河——我的保姆》，這是一首長詩，用沈鬱的筆調細寫了乳娘兼女傭（大堰河）的生活和痛苦，……我不能不喜歡」。胡風評論說：「至於《大堰河——我的保姆》，在這裏有了一個用乳汁用母愛餵養別人的孩子，用勞力用忠誠服侍別人的農婦的形象，乳兒的作者用著素樸的真實的言語對這形象呈訴了切切的愛心。在這裏他提出了這於『這不公道的世界』的咒語，告白了他和被侮辱的兄弟們比以前『要更親密』，雖然全篇流著私情的溫暖，但他和我們中間已沒有了難越的限界了。」許多讀者都寫信給編輯部，稱讚這首感人至深的詩。

　　這是一首寫於監獄中的詩。1929 年艾青去法國留學。1932 年 5 月回到上海，參加了中國左翼美術家聯盟。7 月 12 日在上海法租界被捕。1933 年 1 月 14 日淩晨，監獄外下著紛紛揚揚的大雪，囚室裏寒氣逼人，觸景生情，聯想到乳母那座簡陋的墳。詩情綿綿，一口氣寫下了這首長詩。他一開始寫：

> 大堰河，我是地主的兒子，
> 我是吃了你的奶而長大的。
> 大堰河，今天我看到雪使我想起了你，
> 你的被雪壓著的草蓋的墳墓，
> 你的關閉了的故居簷頭的枯死的瓦草，
> 你的被典押了的一丈平方的園地，
> 你的門前生了青苔的石椅，
> 大堰河，今天我看到雪使我想起了你。

這是一首敘事成份很濃的抒情詩。詩以對乳母的思念為線索，描繪了一系列感人至深的畫面，如第七節：

大堰河，為了生活，
在她流盡了她的乳液之後，
她就開始用抱過我的兩臂勞動了，
她含著笑，洗著我們的衣服，
她含著笑，提著菜籃到村邊的結冰的池塘去，
她含著笑，切著冰屑悉索的蘿蔔，
她含著笑，用手掏著豬吃的麥糟，
她含著笑，扇著燉肉的爐子的火，
她含著笑，背了團箕到廣場上去，
曬好那些大米和小麥，
大堰河，為了生活，
在她流盡了她的乳液之後，
她就用抱過我的兩臂勞動了。

艾青是位視覺非常敏銳的詩人，在生活中，他不僅能看到別人能見到的東西，而且還能看見別人看不見的東西。也許與他早年學過畫有關。他善於觀察，把他在生活中發現的畫面，以不同的鏡頭，通過蒙太奇的手法予以剪接和組合，結構成一組感人的鏡頭。他就這樣用自己手中的生花妙筆，塑造了一位勤勞、樸實、善良的勞動婦女的形象，抒發了對這位貧苦的大堰河的懷念之情、感激之情和讚美之情，表述了對「這不公道的世界」的詛咒和憤懣。

大堰河，含淚的去了！
同著四十幾年的人世生活的凌侮，
同著數不盡的奴隸的淒苦，

同著四塊錢的棺材和幾束稻草，

同著幾尺長方的埋棺材的土地，

同著一手把的紙錢的灰，

大堰河，她含淚的去了。

　　詩是不能缺少情感的。在這首詩裏洋溢著一種蕩人心潮、催人淚下的深情。真正的詩就是發自心底的歌。這首詩，以它對勞動婦女的深情摯愛，以它對社會不平的憤慨，以它濃郁的泥土氣息，也以它迴腸盪氣的情思，深深打動每個讀者的心。艾青不止一次跟人談過，這首詩寫的都是真實的事，詩人飲泣吟唱的也是餵過他奶的女傭，但由於大堰河的遭際，正如千千萬萬舊中國貧苦農婦的命運寫照。大堰河的悲慘經歷，就不是她一個人的悲劇，也是時代的和社會的悲劇。詩人出於他特有的敏感，使他能敏銳地感受到人民抗爭的情緒，準確地把握了時代的脈搏，通過對大堰河的同情與謳歌，以沉鬱悲壯的情思，寫出了對這「不公道的世界」的控訴和抗爭。因此，這首詩雖是寫詩人對自己乳母的思念，但由於詩人深沉的思考和飽滿的詩情，使作品具有史詩般的深度。

　　詩人在自己情感歷程上邁出了堅實、可喜的第一步之後，又寫了一系列受到詩壇關注的詩篇，如《也站起來了》、《雪落在中國的土地上》、《吹號者》、《他死在第二次》、《向太陽》、《火把》等，有的抒寫了中華民族處於內憂外患的深重苦難以及詩人憂國憂民的沉重心情；有的暴露日本侵略者的野心，痛斥帝國主義的罪惡行徑；有的則傾瀉了詩人對黎明、對太陽的熱誠和期盼之情……這一切像「烈焰燃燒」著詩人的心，唱出了人民的心聲。詩的形式是自由體，不講究韻腳和格律，隨著所描繪的內容特徵和詩人內在情緒的波動，自然而然的出現相應的長短句式，根據

旋律的需要構成迴環的章法，讀起來有一種流暢、真切、情味雋永深長的美感。在這些詩篇創作中，艾青進一步形成了自己的風格，顯示了一位大詩人的才華。

在這些樸實無華的詩篇中，到處可以發現激動人心的大手筆，如：

> 雪落在中國的土地上，
> 寒冷封鎖著中國呀……
>
> 不知明天的車輪
> 要滾上怎樣的路程……
> ——而且
> 中國的路
> 是如此的崎嶇
> 是如此的泥濘呀！

詩人通過一組組意象，一幅幅畫面，幾乎找不到一個政治語彙，也沒有簡單化的類比和廉價的象徵，抒寫了殘暴的侵略戰爭帶給中國人民深重的苦難，展現了一曲民族的悲歌，讀來淒婉動人。詩中用的幾乎全是生活中的口語，然而語言和意境都提煉到爐火純青的地步。這真是非凡的大手筆！

這一時期，抗日救亡、呼喚光明成了艾青詩歌情弦上的主旋律，如《火把》之類的作品，還寫了不少寫景、詠物、人物速寫之類的短詩。其中 1938 年 11 月 17 日寫的《我愛這土地》是個到處傳誦的名篇。全詩只十行，前八行詩人以鳥自喻唱道：「假如我是一隻鳥，我也應該用嘶啞的喉嚨歌唱」。用鳥的一生只是為它所依存的土地而歌唱直到死亡來比擬自己，要誓為生養自己的祖國而歌唱直到死亡。

　　　　這被暴風雨所打擊著的土地，

　　　　這永遠洶湧著我們的悲憤的河流，

　　　　這無止息的吹刮著的激怒的風，

　　　　那來自林間的無比溫柔的黎明……

　　這裏用「被暴風雨打擊著的土地」暗示民族解放戰爭的殘酷的偉大時代，以「永遠洶湧著我們的悲憤的河流」，象徵被日本帝國主義鐵蹄蹂躪著而使人感到悲憤的祖國，而那「無止息地吹刮著的激怒的風」，正是當時洶湧澎湃的全民抗戰的怒濤。無不富有暗示的色彩，滿蘊著感情的意象，寫出戰爭給大地帶來的災痛，抒發了人民的愛恨分明的情感，總結上列四個排句，詩人寫道：「——然後我死了，連羽毛也腐爛在土地裏面」。簡明概括而又形象地表現詩人對土地那種誠摯的眷戀之情。最後用兩句詩畫龍點睛地點出主題：

　　　　為什麼我的眼裏常含淚水

　　　　因為我對這土地愛得深沉……

　　讀完這首十行的小詩，詩人的激情深深地叩擊著每個讀者的心，有一種內在的驅動力，跟詩人一樣，也眼裏噙著淚水，凝視著蒼茫大地而心潮起伏，不能自已。

　　1941 年皖南事變後，特務們加強了對進步文化人的監視和威脅，艾青也受到同樣的「禮遇」。周恩來同志十分關心他的安全，幫助他去了延安。艾青化裝成綏蒙自治長官公署的高級參謀，經過數十道關卡，歷盡艱險，終於到達抗日聖地延安。

　　到延安後，詩人一方面學民歌，一方面寫了長篇故事詩《雪裏鑽》。這首詩標誌著艾青詩風的轉變，一掃過去在《吹號者》、《他死在第二次》等詩中，那種低徊、感傷的情調，用樸素明快的語

言，抒發了對光明未來的讚美。《黎明的通知》就是這一時期的代表作。

詩人艾青把他到延安之後，在革命聖地的生活體驗，凝成膾炙人口的詩句，向「遠方的沉浸在苦難裏的城市和村莊」發出了「黎明的通知」：

> 而且請你告訴他們
>
> 說他們所等待的已經要來

詩人以響亮的圓號吹出了對光明的未來的讚美、預告民族解放戰爭勝利的《黎明的通知》。早在 1937 年，詩人艾青就寫過一首《黎明》，曾反覆呼喚過光明的未來，「燃燒著痛苦的嘴，問問東方：黎明怎麼不到來？」如今，曙光正「從東方來，從洶湧著波濤的海上來」，詩人用一種傾心的歡快調子，向那些「用虔誠的眼睛凝視天邊」在期待著光明的人們宣告：

> 趁這夜已快完了，請告訴他們
>
> 說他們所等待的就要來了

這首具有預言性質的詩篇，寫於抗日戰爭最艱苦的相持階段，卻以樂觀自信的詩句，預告了民族解放戰爭的勝利。在艾青詩歌創作道路上成了又一個里程碑。

艾青的詩歌作品，在這一時期還有一首值得重視的作品，就是寫於 1941 年的《我的父親》。詩人以一個封建階級的叛臣逆子的勇氣「說了真話」，他是這樣描繪他的父親的：

> 滿足著自己的「八字」，
>
> 過著平凡而又庸碌的日子，
>
> 抽抽水煙，喝黃酒，

> 躺在竹床上看《聊齋志異》，
> 講女妖和狐狸的故事。

　　詩人是把他父親當作一個典型來刻劃的，艾青說：「父親這個典型，我是意識很強烈的，是有意識地作為那個時代的一個典型來寫的」。詩裏描繪了他父親生活的環境，「他十六歲時，我的祖父就去世；我的祖母是一個童養媳，常常被我祖父的小老婆欺侮；我的伯父是一個鴉片煙鬼，主持著『花會』，玩弄婦女；但是他，我的父親，卻從『修身』與『格致』學習人生——做了他母親的好兒子，他妻子的好丈夫」。也在詩中寫了他的社會關係，「退伍的陸軍少將，省會中學的國文教員，大學法律系和經濟系的學生，和鎮上的警佐，和縣裏的縣長」。詩中還生動地描繪了父親對他的期望，當「革命像暴風雨，來了又去了」，「地主們都希望兒子能發財，做官，他們要兒子念經濟與法律；而我卻用畫筆蘸了顏色，去塗抹一張風景，和一個勤勞的農人」。「為了到一個遠方的都市去，我曾用無數功利的話語，騙取我父親的同情」，就這樣——

> 一天晚上他從地板下面，
> 取出了一千元鷹洋，
> 兩手抖索，臉色陰沈，
> 一邊數錢，一邊叮嚀：
> 「你過幾年就回來，
> 千萬不可樂而忘返！」
>
> 而當我臨走時，
> 他送我到村邊，
> 我不敢用腦子去想一想，

他交給我的希望的重量，
我的心只是催促著自己：
「快些離開吧──
這可憐的田野，
這卑微的村莊，
去孤獨地飄泊，
去自由地流浪！」

「在那些黑暗的年月，他不斷地用溫和的信，要我做弟妹們的『模範』，依從家庭的願望」，又用衰老的話語，纏綿的感情，和安排好了的幸福，來俘虜我的心」。「他熱切地盼望我回去，他給我寄來了僅僅足夠回家的路費」。但是，作為地主兒子的艾青，卻沒有完成父親的心願，在「五月石榴花開的一天，他含著失望離開了人間」。詩人用入木三分的筆，塑造了一個地主的典型：

他是一個最平庸的人：
因為膽怯而能安分守己，
在最動盪的年代裏，
度過了最平靜的一生，
像無數的中國地主一樣：
中庸，保守，吝嗇，自滿，
把那窮僻的小村莊，
當做永世不變的王國；
從他的祖先接受遺產，
又把這遺產留給他的子孫，
不曾減少，也不曾增加！

詩人把一個中庸、保守、自私但又具有某些開明思想的鄉村地主形象，刻劃得栩栩如生。

這首《我的父親》和前文提到的《大堰河，我的保姆》，都帶自傳性的寫實之作，成了傳世的「姐妹篇」。詩人自己認為《我的父親》是醞釀了很久的，在刻劃典型方面，覺得《我的父親》比《大堰河》要好一些。因為，《我的父親》確實花了點功夫寫的，而《大堰河》則是一氣呵成的。

1949 年正當詩人表示「要為新的日子歌唱」的時候，開始忙著種種社會活動，無法將自己的熱情融鑄進自己的創作之中，很快又被劃成右派，被迫擱筆二十年，直到「四人幫」被粉碎，才為詩人迎來了創作生涯的第二個春天。艾青煥發了青春，1978年 4 月 30 日在《文匯報》上發表了《紅旗》詩。有人說他是「出土文物」。他也為自己成了這個動盪年代的倖存者感到慶幸，精神得到解放，創作熱情更加高漲。他說：「如今時代的洪流把我捲帶到一個新的充滿陽光的港口，在汽笛的長鳴聲中，我的生命開始了新的航程」。以最大的激情，寫出了《東山魁夷》，《小澤征爾》、《魚化石》、《仙人掌》、《沙漠和綠洲》、《在浪尖上》、《光的讚歌》、《東方是怎樣紅起來的》一系列動人的清篇。其中《魚化石》是一首很美的短詩。有人把它看作艾青的自我寫照。它寫一條生動活潑的魚，遇到火山爆發，變成了「對外界毫無反應」的化石，失去了自由，被埋進了灰塵」，億萬年後，「在岩層裏發現」了，也「依然栩栩如生」。詩人卻從這裏闡發了含蘊深邃的哲理：

凝視著一片化石，
傻瓜也得到教訓：

離開了運動，

就沒有生命。

活著就要鬥爭，

在鬥爭中前進

即使死亡，

能量也要發揮乾淨。

詩人執筆寫這首詩是走過一段漫長的坎坷道路之後，即將進入古稀之年的時刻完成詩藝的幽默和智慧。這是何等達觀，何等高尚的境界只有視人民的的利益高於一切的人，才能具有這樣美好的情操。這使人想起他五十年代寫的《礁石》：

它的臉上和身上

像刀砍過的一樣

但它依然站在那裏

含著微笑，看著海洋

多麼令人景仰的堅毅和豁達啊！

有人曾問過他，寫《魚化石》這首詩包含什麼意思？詩人風趣地眯起眼睛，現出狡黠的神態答道：「是呀，這些年變成化石的人太多了！」他說：「即使我們只是一支蠟燭，也應蠟炬成灰淚始乾；即使我們只是一根火柴，也要在關鍵時刻有一次閃耀；即使我們死後屍骨都腐爛了，也要變成磷火在荒野中燃燒！」多麼偉大的思想，這番發自心底的由衷之言，叩動每個讀者的心。艾青的詩之所以能叩動千千萬萬讀者的心，是因為他的痛苦和幸福都深深植根於社會和歷史的土壤。他的詩是心的詩，心的歌！他不是用因襲守舊的墨水寫詩，而是用灼灼燃燒的生命，蘸著自己的鮮血寫詩。

　　正因為如此，艾青的詩贏得了世界的聲譽。他的詩已被譯成英、日、波、捷、俄、法、德、朝、葡、意、泰、瑞典、西班牙、阿拉伯等十多種文字，借著這多種語文，艾青的詩句好像插上了翅膀，飛翔於全世界，給各國人民帶去友誼、溫暖、慰藉和美的享受。

　　艾青的詩為什麼會受到各國人民如此之熱愛？

　　我曾久久思考過這個問題。今天，我想用一句話來回答：詩人艾青選擇了最富表現力的語言，反映了最真實的思想感情，並且通過最富色彩的個人感受表現出來。因此，他的詩才擁有如此眾多的讀者，並且飄洋過海，四處傳播。為了進一步闡明上述問題，我想作些具體的闡述。

一、艾青的詩，抒發了人類共同的心聲。

　　前蘇聯文學家索羅金說過：「艾青的抒情詩寫的是人類共同關心的題材，願人們幸福善良的見證，艾青堅定地認為理應如此」。詩人用至情歌唱了對於人的愛，以及對於這愛的確信。這使我們想起 1979 年 5 月，艾青隨中國人民對外友協代表團訪問西德、奧地利、義大利三國。五月末來到慕尼克，在德中友協舉辦的歡迎會，已有一位德國朋友站起來，要求中國代表團的詩人親自朗誦一首自己寫的詩，在如雷般的掌聲中，艾青站起來朗誦了一首新作《牆》，他說：「一堵牆，像一把刀，把一個城市切成兩片」，詩人指出這「只是歷史的陳跡，民族的創傷」。即使再高，再厚，再長一千倍——

　　　　又怎能阻擋
　　　　天上的雲彩、風、雨和陽光？

又怎能阻擋

飛鳥的翅膀和夜鶯的歌唱？

又怎能阻擋

流動的水和空氣？

又怎能阻擋

千百萬人的

比風更自由的思想？

比土地更深厚的意志？

比時間更漫長的願望？

在會場上，翻譯臨時不可能以同樣優美的詩的語言傳達，只得將意思復述一遍。就這樣，這首詩在聽眾中也引起了強烈的反響，有一位婦女站起激動地說：「另一個國家的人，如果不是真正的朋友，怎麼能如此深刻理解我們民族的苦悶呢！」使得全場的人都感動不止。僅此一例，也足以說明，艾青的詩突破國界、突破民族的隔閡，抒發了人類共同的心聲。

二、敢於說真話。

詩存在於思想之中，思想來自於心靈。寫詩不能撒謊，不能作違心之言。艾青認為：「人人喜歡聽真話，詩人只能以他由衷之言去震撼人們的心。詩人也只有和人民在一起，喜怒哀樂都和人民相一致，智慧和勇氣都來自人民，才能取得人民的信任。」他極力主張：詩人應該通過自己的心去寫詩，應該接受自己良心的檢查。艾青說：「所謂良心，就是人民的利益和願望。人民的心是試金石。」在平時交談中，他最厭惡那種不說真話而且趨炎附勢的人。他曾一針見血地諷刺這種人：「有人誇耀自己的『政治敏感性』，誰『得勢』

就捧誰；誰『倒楣』了就罵誰。這種人好像是看天氣預報在寫『詩』的。但是，我們的世界是風雲變幻的世界，這就使得『詩人』手忙腳亂，像個投機商似的奔走在市場上，雖然有市儈的鬼精，也常常下錯了賭注。」艾青自己是不肯說假話的，他的詩從不作違心之言，才顯得那麼真純，使人聽到詩人的肺腑之言。

艾青說：當然說真話會惹出麻煩，甚至遭到危險；但是，既然要寫詩，就不應該昧著良心說假話。他非常尊敬詩人戴望舒，認為戴是真正的詩人，因為他從不說假話。

三、單純、明瞭，從不裝腔作勢。

單純、明瞭是艾青詩歌的一大特色。他在《我對詩的要求》一文中說：

> 「我所努力的對詩的要求是四個方面：
> 樸素，有意識地避免華麗詞藻來掩蓋空虛；
> 單純，以一個意象來表明一個感覺和觀念；
> 集中，以全部力量去完成自己所選擇的主題；
> 明快，不含糊其詞，不寫為人費解的思想。決不讓讀者誤解和墜入五里霧中。」

艾青確實是這樣要求詩的，也確實這樣對待自己寫的詩的。前面舉到的《大堰河，我的保姆》，給我提供了瞭解；艾青詩歌的一把鑰匙，他的單純、明快，一點也不裝腔作勢，句句都是真情實感的流露。又如《我的父親》，在那特別強調階級鬥爭的年代，在革命聖地延安，坦率地承認「鎮上曾祖父遺下的店鋪──京貨，洋貨，糧食，酒，『一應俱全，』」……三十九個店員忙了三百六十天，到過年主人拿去全部的利潤，……村上又有幾百畝，幾十個

佃戶圍繞在他身邊，家裏每年有四個雇農，一個婢女，一個老媽子……」他就是出身在這樣一個大地主家庭，在那暴風驟雨似的階級鬥爭環境裏，敢於這樣具體、明白地揭露自己的出身，是需要有勇氣才行的，而且用如此樸素、凝煉的語言作了誠摯的表述，沒有一星半點矯揉造作，也沒有絲毫分厘的裝腔作勢的表述，多麼難得啊！

四、高超的詩藝

索羅金說：「艾青詩的特點是語言自然，因為他熟練有效地運用了自由詩體。艾青的優秀詩篇裏對生括的評價蘊藉含蓄，是自然流露出來的。」這幾句簡明的評價，概括了艾青的高超的詩歌藝術。在詩歌藝術中，美應該是第一性的。艾青的詩從整體的美感效應考察，可以概括為下列五個方面：

1. 簡潔美

契訶夫說「簡潔是才力的姐妹」「寫得有才華就是寫得簡短……」，真正有才華的藝術家都執著地追求簡潔美。齊白石畫蝦，雖是淡談兩筆，一隻蹦蹦跳跳的蝦就活在紙上了。這是簡潔美。艾青的詩也是如此。大家都熟悉的《我愛這土地》全詩僅十行，詩人「用嘶啞的喉嚨」，傾吐了對我們民族的刻骨銘心的摯愛。他那種對被侵略的中華民族的悲憤，對被激怒而起的中華民族的反抗的渴望，對中華民族光明未來的憧憬，都深深地楔入每個讀者的心；最後兩句自問自答：「為什麼我的眼裏常含著淚水？因為我愛這土地愛得深沉……」更是憾動了讀者的心而成為流傳了近半個世紀的名句。

簡潔的詩風是艾青詩歌一貫的特色。直到他進入古稀之年，仍在他的詩中體現這種簡：潔美。例如 1979 年艾青率詩人海港訪問

團到上海寫過一首短詩，其中最被稱頌的一首《盼望》，構思奇巧，耐人尋味：

> 一個海員說，
>
> 他最喜歡的是起錨所激起的
>
> 那一片潔白的浪花……
>
> 一個海員說，
>
> 最使他高興的是拋錨所發出的
>
> 那一陣鐵鏈的喧嘩……
>
> 一個盼望出發
>
> 一個盼望到達

這是寫 1979 年 3 月 25 日我國「柳林海」號將首航美國西雅圖時，詩人上船參觀歡迎海輪出海後的感受，當時有幾十位詩人都為這一激動的時刻而歌唱，但都深感自己寫了幾十行甚至一兩百行，卻遠不如這八行詩的容量大、含意深。艾青沒有拘泥事件的本身，而是借助兩個不同方向的「盼望」，寫出海員那種深邃的感情。用十分簡潔的手法，傾吐了深厚的情誼。這裏以最簡潔、最經濟、最恰如其分的語言體現了美。

2. 樸素美

列·托爾斯泰說：「樸素是美的必要條件。」因此，真正的詩總是樸素的。它也是一位詩人真正成熟的一個標誌。艾青寫詩總是真實地寫出他的經驗和感受，從不以浮誇的感情和華麗的詞藻閃爍自己的創造，也從不以矯揉造作的情感和絢麗的文采來換取某些讀者一時的讚歡。我們讀艾青的詩，都深切地感受到，每一行詩都是

他『自己心靈的感受,是通過他的心弦搏動而完成的。因此他的詩,或敘事,或抒情,或詠物,或言志,無不樸實無華,請看《光的讚歌》第一節有這樣的詩句:

> 世界要是沒有光,
> 等於人沒有眼睛
> 航海的沒有羅盤
> 打搶的沒有準星
> 不知道路邊有毒蛇
> 不知道前面有陷阱

用明白如話的語言,讚頌了「光」的偉大,體現了詩人的詩作的樸素美。再請看《在浪尖上》,詩人用最樸素語言歌頌中國,人民最熱愛的周總理:「周總理像空氣/像陽光,像水/好像很平凡/卻誰也不能離開」,「總理是大家的/空氣是大家的/太陽是大家的/土地是大家的。」用最平淡無奇的語言寫出了人民對總理的熱愛。

樸素是詩人夢寐以求的品質,艾青酷愛樸素,這種愛好使他的情感毫無遮掩地袒露給讀者,而這種毫無遮掩的情感喚起他內心的愉悅。他說:「樸素是對於詞藻奢侈的擯棄,是脫卻了華服的健康的袒露,是掙脫了形式的束縛的無羈的步伐,是擲給空虛技巧的寬闊的笑。」這就是艾青詩美的追求,也是艾青詩美的一大特色。

3. 含蓄美

把情感袒露給了讀者,不等於是語白意淺,而是言淺意深,意在言外。清代沈祥龍在《論詞隨筆》中說廣含蓄者,意不淺露,

99

語不窮盡；句中有餘味，篇中有餘意，其妙不外寄言而已。」艾青的詩，追求樸素美，看來平淡無奇，如上面提到歌頌周總理的詩句，既直又白，但「官近而旨遠，辭淺而義深」。把總理比作空氣，比作陽光，比作水，都很平凡，但任何哪一個人所不可缺少的。要是把上述四個形象融彙成一個意象，就會深深體會到總理的偉大。這裏詩人沒有用一個浮誇的詞藻，卻點出了總理的偉大，真是：「不著一字，盡得風流。」

詩人都追求含蓄美，希望自己的作品達到「言有盡而意無窮」，詩假如無言外之意，便味同嚼蠟，艾青的詩之所以受到世界各國人民的歡迎，其藝術魅力就在於他已達到「看似言止，而意不盡」的極至，如《光的讚歌》第一章有這樣兩段：

世界要是沒有光

也就沒有楊花飛絮的春天

也就沒有百花爭豔的夏天

也就沒有金果滿園的秋天

也就沒有大雪紛飛的冬天

世界要是沒有光

看不見奔騰不息的江河

看不見連綿千里的森林

看不見容易激動的大海

看不見老人似的雪山

這裏不僅把「光」這無形無聲的東西精化為形象，音響，同時又不著聲色地把光的價值揭示出來，讚頌了它的偉大。看似一覽無遺，但語盡而意不窮。可見「善露者未始不藏」，這就是艾青詩歌的含蓄美。

4. 音樂美

艾青的詩絕大部分是自由詩，不押韻，說他的詩具有音樂美，也許有人會感到奇怪，其實押韻的詩不一定具有音樂美，而具有音樂美的詩不一定押韻。前者非本文討論的範圍；暫不去討論它，而後者正是艾青詩歌特色之一。

真正的詩的語言應該是音樂的語言，具有音樂美。它體現了現實生活的律動與藝術生命的脈搏，也體現了生活語言的節調，它反映在語言的內在情緒裏，表現成協調的結構上的旋律和節奏，有生命的旋律和節奏。艾青的詩創作雖不用韻頭韻腳之類固定的定則和法式限制自己的藝術生命，但十分重視自然和生活的律動，使語言送出音響，把生活語言的節律，反映在語言的內在情緒。請看《礁石》：

> 一個浪，一個浪
> 無休止地撲過來，
> 每一個浪都在它腳下
> 被打成碎沫、散開……
>
> 它的臉上和身上
> 像刀砍過一樣
> 但它依然站在那裏
> 含著微笑，看著海洋……

這是艾青被人稱道的詩篇之一，這不僅因為它是飽受坎坷生活磨煉的詩人自我形象的寫照，歷盡挫折磨難仍然笑對人生，鍥而不捨地追求真善美，充滿對生活的信念，短短八句詩包含了深邃的人生哲理。同時，這首短詩圓熟地把握了語言的音響，「一個浪，一

個浪」傳達了大自然的音響外，也體現語言自身的和諧，「每一個
浪都在它腳下／被打成碎沫、散開……」詩人運用語言的音質和音
韻上的特點，使語言更符合現實的音感，「碎沫」、「散開」兩個詞
的急促、碎屑的音質，就把浪花碰擊礁石而四散飛濺的情景傳達出
來。艾青的詩常常不用標點符號，而這一首詩卻用了標點符號，第
一小節最後用了省略號，起著視覺真實性的作用，與真實情景非常
切合，間接傳達了聽覺的真實。從而使詩的音樂意味更加濃厚子。
第二小節的「上」、「樣」、「洋」呼應第一小節第一句的「浪」很自
然的押上「ang」韻，使全詩更富音樂美。艾青對詩的韻律沒有作
刻意的探求，他說：「我也不知道是怎麼一回事，我只是設法把我
感受最深的，用最自然的方式表述出來。」詩人在他長期的寫作實
踐中把握到語言的音樂性，有一種內心的節奏，這是一種訴諸人們
聽覺的奇妙的技巧，賦予他的詩歌一種特有的音樂感。他說；「我
只是發出我內心的聲音。」這句話不僅可以幫助我們理解艾青詩歌
的音樂美，而且成為瞭解他詩品和人品的一把鑰匙。

5. 形式美

詩是藝術，是容納真實思想和真實感情的優美形式。因此，寫
詩要講究形式美，艾青的詩大部分是自由體，不僅在聽覺上具有音
樂的美，而且在視覺上具有繪畫的美、「建築」的美。這裏把艾青
悼念蕭三的一首詩作為例子：

　　　你報病危的時候
　　　我去看你
　　　你不會說話
　　　伸出手拉著我

緊緊地緊緊地
──你是不願意走

第二次報病危的時候
我去看你
你已經切斷了喉管
伸手摸我的臉我的頭
總是摸不夠
──你是不願意走

但是你已八十六歲
歷盡了滄桑
你終於走了
於心無愧地走了

　　朗讀起來，在抑揚頓挫中流露出一種低沉、迴環的情緒，彷彿似靜穆氣氛中的哀慟一樣。試想，如果不作分行的排列，將它寫成「你報病危的時候，我去看你；你不會說話，伸出手拉著我，緊緊地緊緊地──你是不願意走。」就會感到平淡，乏味，與平時說話一樣平淡。但在這裏，隨著詩人所描繪的特定情景特徵及詩人內在情緒的波動，自然地分行排列，出現相應的長短句和迴環的章法，結構成一種形式美，讀起來有一種低沉、真切和迴腸盪氣的美感。前面為了敘述的方便，把艾青詩歌的藝術分割成五種美。其實五種美是相輔相成的，並且融彙成一個整體，那就是意境美，意境美又體現艾青詩的思想美。這才是詩美最重要的內涵，是艾青的詩藝術的靈魂。

　　艾青的詩的靈魂，可以用詩人的一句話來概括，即「一首詩是一個人格」。詩如其人，前面談了艾青的詩，其實也是談了艾青的

人品。讀過艾青的詩，詩人的美好人品鑴刻在讀者心坎上，留下一個永不消褪的記憶了。為了強化這種美好記憶，筆者想就自己自1953年認識這位鼎鼎大名的詩人，四十多年來交往中感受最深的再談幾點。

一、平易近人

艾青說：「把寫詩當作了不得的光榮的事，是完全昏嘴的。」他是如此想的，也是如此做的。作為大師級享有世界聲譽的著名詩人，他從不把自己看得了不起。1953年春天，抗日戰爭初期離開金華的艾青，第一次回鄉深入生活，這時正好我因嚴重神經衰弱症不能工作，他就邀我一起去他故鄉畈田蔣村玩。當時生活條件比較艱苦簡陋，到畈田蔣村後，迎接他的僅是一張單人床，他卻堅持要我並頭共枕一起睡在那張單人床上；當時他已是國內少數知名作家之一，而我卻是剛步入社會的青年，倆人擠在一張單人床上睡了差不多一個月，熄燈夜話，無所不談；如不是平易近人，把自己也當作一個普通老百姓看待，能如此因陋就簡的對待生活嗎？

「四人幫」粉碎之後，有人跟他開玩笑，說他是「出土文物」，他說我倒寧願把自己看作是一個從垃圾堆裏撿起來的被壓得變了形的鐵皮茶缸，最多也只能用來舀舀水、澆澆花而已。多麼平凡的語言，但又是多麼不平凡的思想！

二、坦率樸實

坦率樸實是艾青詩藝的一大特色，也是艾青為人的一大優點。前面提到那首《我的父親》，寫於延安整風運動時，當時一般參加革命的知識份子往往不願提及自己出身於剝削階級，而他寫《我的

父親》卻開誠佈公地宣稱自己的父親是地主，還在詩中作了詳盡的描繪。

他這種坦率的言行，樸實的性格，處處體現於他的詩中。如《鏡子》（1978）

> 僅只是一個平面
>
> 卻又是深不可測
>
> 它最愛真實
>
> 決不隱瞞缺點
>
> 它忠於尋找它的人
>
> 誰都從它發現自己或是醉啟酡顏
>
> 或是鬢如霜雪
>
> 有人喜歡它
>
> 因為自己美
>
> 有人躲避它
>
> 因為它直率
>
> 甚至會有人
>
> 恨不得把它打碎

這首小詩之所以成為他自己最喜歡的作品之一，也許就因為跟他的為人一樣。

1979 年他在聯邦德國訪問期間，他接受了北德廣播電臺記者斯維特其克‧沃爾夫岡採訪時也曾講到這首小詩：

> 記者：您用鏡子譬喻真理問題，在《鏡子》這首詩裏就涉及
> 　　　到真理問題。
>
> 艾青：是的，人們要誠實……

記者：您是不是想說，作家和他的作品本身就是社會的一面
　　　鏡子？

艾青：是的，當然。

從這段簡短對話中，艾青坦露了自己的心聲，也有力地顯示了
艾青的人品。

三、堅毅沉著

艾青經歷一個漫長的悲劇年代，走過了一條漫長的坎坷道路，
他一生所經受的生活和政治的磨難，也是世所罕見的。但是他卻象
自己寫的《礁石》那首詩中所塑造那極富藝術張力的形象，那種堅
毅、沉著的性格，那種正直偉岸的人格，正是詩人自己人品的絕佳
體現。艾青曾說，自小四處漂泊，坐過牢，經歷了戰爭年代和急風
驟雨的政治運動……像中國許多知識份子一樣，道路是坎坷的，但
是四十年的考驗，沒有損傷，一絲一毫，也沒有使他從自己道路上
偏離半步。仍像礁石那樣堅強，有一種不滅的內在偉力，永遠以一
種堅強的勝利者姿態，充滿信心，面對生活──

含著微笑

看著海洋

《礁石》問世後，詩和詩人都受到過不應有的曲解，也受到了
不公正的對待。當 1957 年猛烈的暴風雨突然無情打來，他被錯劃
為右派，先是被遣送到北大荒，後又到石河子改造，從此沉默了整
整二十年。直到 1978 年才得平反，重新走上詩壇。二十年的磨難，
他非但沒有被坎坷的經歷所壓倒，反而以更飽滿的生活熱情，「在
汽笛長鳴聲中開始新的航程」，寫下了《在浪尖上》、《光的讚歌》
等不朽的光輝詩篇，以更倔強的旺盛的生命力，迎接新的生活。

四、幽默樂觀

作為一位偉大的詩人，幽默樂觀是不可缺少的素質。筆者認為，悲觀厭世的人雖然也可以寫詩，但成不了偉大的詩人。幽默是一種非凡的智慧，是一種穿透力，一兩句話就能把那畸型的、諱莫如深的事物給端了出來，它能使人性格開朗；樂觀豁達外，還具有不容忽視的創造力量。艾青雖然在他靈魂深處帶一點農民氣質的憂鬱，但從不灰心喪氣，始終堅信明天會更好。這體現在他的許多詩篇中，如在寫於 1939 年的《吹號者》一詩中，當那個還只是孩子的英雄倒在戰火紛飛的戰場上時，他寫道：

> 他寂然地倒下去
>
> 沒有一個人曾看見他倒下去，
>
> 他倒在那直到最後一刻
>
> 都深深地愛著的土地上，
>
> 然而，他的手
>
> 卻依然緊緊地握著那號角；
>
> ……
>
> 而太陽，太陽
>
> 使那號角射出閃閃的光芒……
>
> 英雄已經犧牲了，詩人仍給他抹上一抹亮色，
>
> 聽啊，
>
> 那號角好像依然在響……

這充分體現了詩人自己樂觀的人品。艾青不但樂觀，且很幽默。有一位小夥子曾對他打趣說：「有人說你是母雞，可是下的是

鴨蛋。」他就問那小夥子：「這是什麼意思？」小夥子說：「你原來學的是美術，後來卻寫詩成了名。」他卻風趣地說，「雞蛋、鴨蛋都不壞，只要不是壞蛋！」儘管這是在他飽經人間滄桑之後的年代，仍然可從他那幽默風趣背後看到他那顆從未冷卻的心。

最後，我想在這裏重複艾青的幾句詩：

> 活著就要鬥爭，
>
> 在鬥爭中前進，
>
> 當死亡沒有來臨，
>
> 把能量發揮乾淨！

艾青就是這樣用灼灼燃燒的生命，寫下自己不朽的詩篇，用灼灼燃燒的生命，寫下自己艱辛而又偉大的一生。

我對這土地愛的深沉
——記艾青的四次還鄉

　　1996 年 5 月，伴隨著北京最後一場春雨，一生歌頌光明的詩人艾青，心臟停止了跳動，終年 86 歲。但詩人卻並沒有因軀體的消失而消失，他的名字，從此成為他的故鄉——浙江金華的一顆永遠躍動的心。

　　金華人民懷念這個優秀的兒子，修建了艾青紀念館、艾青公園、「光的讚歌」碑林，「大堰河」詩碑，以艾青命名的各類詩歌活動更是從不間斷，艾青活在家鄉人民心中。而鮮活地縈繞著我們記憶的還有他在 1949 年後的四次金華之行，這四次還鄉，因為身份的不同，處境和遭遇自然也就很不相同。所以我們覺得有責任對此作一勾勒，以實存史，並與讀者共用。

一、「衣錦還鄉」

　　艾青的第一次還鄉，是在 1953 年春天。

　　1949 年初，艾青隨軍進入北京，在中國人民解放軍軍事管制委員會文化接管委員會工作，任國立北平藝專（中央美術學院前身）軍代表。此後，他參加了新政治協商會議籌備會，並任國旗、國徽圖案評選組組長；參加「宣傳保衛世界和平」旅行演講；隨中共中央宣傳工作代表團訪問蘇聯。這個時期的艾青，見證並參與了中華人民共和國成立之初的許多重大事務，政治上受重視，精神上自然意氣風發，主人翁姿態表現得很充分。

　　就在這個時候，艾青安排了一次返鄉之行。

　　這是一次「衣錦還鄉」。途經杭州時，省裏要給他派兩個警衛，他不願興師動眾，也怕不自由，堅辭不要。到了金華，他也沒有通知兩個弟弟，就獨自找了一家小旅店住下了。當時他的二弟蔣海澄在電影院工作，弟媳洪雯娟是小學教師。省裏打電話到金華地區專署，告訴艾青回鄉的事。專署領導不知道艾青的行蹤，就向蔣海澄打聽。

　　海澄也不知道，就與妻子上街一家旅館一家旅館地去找——好在那時的金華不大。洪雯娟找了後街的尊賢旅館，沒找到；又去了立新旅館。她在登記簿上也沒見到「蔣海澄」的名字，正要轉身離去時，卻瞥見一扇半開的房門，裏面有個人正坐在床上縫補衣服，模樣與海澄有點兒像，就怯生生地用老家話叫艾青的名字：「海澄——」

　　「啊，你是誰？」對方正是艾青，他抬起頭來問道。

　　「我是海澄的妻子，來找哥哥的。」

　　「哦，是你！快坐。」

　　洪雯娟見艾青有些手笨，就說：「讓我來幫你縫吧。」

　　「不不——我是延安作風，帶了針線包的，自己動手——自己動手。」

　　——艾青找到了，一代大詩人在一個簡陋的旅館裏縫扣子。

　　因為要去上課，洪雯娟借旅館的電話通知海澄，讓海澄馬上來接哥哥回家。

　　地區專署安排艾青住進了老地委的一間房子，與海澄家僅百米之遙。在地委食堂吃過晚飯，艾青就踱到弟弟家，聊天喝茶，問這問那。

　　「雯娟，棉絮缺不缺？我去買。」

　　「不缺，你別浪費錢。」

「我去買兩張竹椅來小孩坐？」

「別買，不是有了嗎？」

侄子鵬洲和鵬放，一個 7 歲一個 4 歲，小哥倆經常要幹仗。艾青見了就說：「哎嗨！我來綏靖綏靖。」說罷出門，轉眼買了一疊「徒犯餅」──用平鍋溫火煎的麵餅，以鹹菜碎肉為餡，據說是因為吃了耐饑，流刑犯愛用作乾糧而得名──來，兄弟倆一見，一手一個搶著，帶眼淚鼻涕地吃起來。

艾青樂滋滋地坐下，看著自己的「綏靖」成果，很得意。

當時任教金華師範的蔣風與艾青二弟海濟、三弟海濤都是金華中學同學，因參加「三反五反」長期熬夜，得了神經衰弱症，正在家休息。艾青來金後，蔣風便去看他，艾青就對他說：「反正你不能去上課，不如一同與我玩兒去？」地區專署給艾青派了一個警衛員，艾青就帶著蔣風來到了自己的出生地畈田蔣，在舊居的西廂房住了二十多天。因為農村條件差，艾青與蔣風同睡一張床，枕頭也用同一個。

那年月，畈田蔣還沒有電燈，一盞光線暗淡的煤油燈也不便供兩人同時閱讀──實際上也沒什麼書報可看，「摸黑聊天」，便成了艾青與蔣風打發時光的好方法。兩人並頭躺在那張不夠寬的木板床上，大多是蔣風聽艾青談他過去的事情。從他怎麼從大堰河家回來，到父母對他的守住自己家業或者當律師的期望；從他喜歡捏泥人，到他怎麼進了西湖藝專，又怎麼去了國外──這一段最為精彩。因為表現出色，林風眠校長看了艾青的畫後對他說：「你在這兒學不到什麼，到國外去吧！」一句激勵的話為好幻想的年輕人插上了翅膀，為了到法國去，艾青用無數功利的話騙取了父親的同意。正像他後來在長詩《我的父親》中寫的：「一天晚上他從地板下面，取出了一千元鷹洋，兩手抖索，臉色陰沈，一邊數錢，一邊

111

叮嚀:『你過幾年就回來,千萬不可樂而忘返!』」說到這裏,艾青
爽朗地笑起來,好像還帶幾分得意。

艾青這次回鄉,名義上的任務是採集創作素材。但那段時間
他正與妻子韋熒鬧離婚,個人生活中有不少苦惱,所以實際上
也帶有散散心的成分,身邊有蔣風這個可以談談的朋友,心情
自然也開朗了不少。他坦誠對蔣風講述起:他在 1935 年 10 月出
獄後,是怎樣在父親的斡旋下,於年底回老家與母親為他找來的
一位鄰村 16 歲女子張竹如結婚。1939 年,他與張竹如在湖南新
寧分手後,另一個女子韋熒又怎樣闖進了他的生活。還講了 1941
年初,在周恩來的安排下,他和韋熒到了延安,當時延安交誼舞
風行,雖然他們已經有了孩子,而浪漫好動的韋熒卻常常把孩
子丟給艾青,跳舞跳到深夜,詩人只好抱著餓得哇哇叫的孩子,
找遍延安的每一處舞會⋯⋯也許這是後來他們向離異的一個重
要原因⋯⋯

回到老家,艾青要做的第一件重要事情,就是去憑弔「大堰
河」墓──這也是他後來幾次回鄉都要做的。「大堰河」是艾青
的奶娘,因為艾青出生時是難產,算命先生說是要「克父母命」
的,迷信的父母便將他送由一位貧苦農婦奶養。這位農婦原是來
自附近大葉荷村的童養媳,卑賤到連自己的名字都沒有,畈田蔣
的人就以「生她的村莊的名字」來稱呼她。艾青對蔣風說:「『大
堰河』這個名字,小時候只是聽口音的,執筆寫那首詩時,『大
堰河』其實是『大葉荷』的諧音。」小艾青在「大堰河」家度過
了童年的大部分時間,在這裏養成了像泥土一樣質樸的性格,也
深深感染了中國農民的那種憂鬱和傷感。五歲那年,因為要上
學,被父母領回到自己家裏的艾青感到格格不入。他後來回憶
說:「回到父母家裏,我是在一種被冷漠、被歧視的空氣中長大

的，所以我長大後，總想早點離開家庭。」1932 年 7 月，艾青因參加「以危害民國政府為目的的團體，並有宣傳與三民主義不相容之主義、之行為」獲罪，被判處有期徒刑 6 年。次年 1 月 14 日，大雪紛飛，在獄中的艾青想起了哺育過他的奶娘，寫下了著名的抒情長詩《大堰河——我的保姆》，其中真實地表達了他回家後的感受：「我做了生我的父母家裏的新客了」，並以這樣感情濃烈的句子結尾：「大堰河，我是吃了你的奶而長大了的你的兒子，我敬你，愛你！」

回鄉後，鄉親們三三兩兩來看望艾青，來得最多的是原八大隊的游擊隊員楊民經——他給艾青講了一個故事：游擊隊從楊大媽所在的楊家村奉命北撤，她的兒子楊小虎因傷不能隨部隊轉移，黑夜他把一支長馬槍和一支短槍交給媽媽就走了。楊大媽把短槍埋在灶房裏，長馬槍交由小虎的戰友楊民綱保管。特務知道了藏槍的事，抓走了楊大媽，嚴刑拷打，楊大媽寧死不屈；特務又抓了她的丈夫和楊民綱，還是一無所獲。楊民綱伺機逃走時被看守開槍擊中，抓回後被折磨得奄奄一息，臨死前才將藏槍地點告訴了知心人。

最後，游擊隊終於回來了，楊大媽從地底挖出短槍交給隊長，人們也從墳墓中挖出了那支長馬槍。

朝天井的花格窗下有張桌子，有時白天，有時在一盞煤油燈下，艾青坐在正位記錄，楊民經坐在靠門口的側位講述。後來，這個真實的革命鬥爭故事，艾青把它寫成了長詩《藏槍記》。但在談到自己的創作時，艾青認為這首詩是他以不成熟的民歌體寫的，是他寫作中的一次失敗。1980 年在「與青年詩人談詩」時艾青仍說：「我發現自己的詩裏凡是按照事實敘述的，往往寫失敗了，如《藏槍記》，是我去家鄉聽了一個抗日游擊戰士的故事後寫的，完全根

據人家怎麼說，就怎麼寫，事情寫得很清楚，但不感人。」看來生活的魅力與藝術的魅力遠不是等量關係，《藏槍記》至少提供了一個可資研究的案例。

其間，艾青還和蔣風同遊了一次雙尖山，拿出相機讓同行的警衛拍照留念。相機在當時可是一個尖端的時髦物品，那警衛員是哆嗦了好久才按下了快門，效果自然可想而知，但對蔣風而言，1953年春的那一段假期，成了他生命中難以忘懷的珍貴記憶。

二、歸田園之思

艾青的第二次還鄉，是在 1973 年初秋。

1958 年 4 月，艾青被劃為右派分子，撤銷各種職務。因為王震的照顧，他隨墾荒大軍來到北大荒。

在老家金華，世道一樣不太平。1963 年，蔣海濟全家下放回原籍畈田蔣。這些年，他們沒有一點關於艾青的消息，直到 1972 年，洪雯娟才從北京的小姑蔣希華（艾青的妹妹）處獲知哥哥已到新疆某處。於是她就向新疆建設兵團試投了幾封信，才終於收到了艾青的回信──

　　雯娟：

　　　　我一向不愛寫信，一動筆就感到不知從何說起。十幾年來，我總共只寫過兩三封信，而且也像打電報似的，沒有多少字。

　　　　這次高瑛再三催促我，我只好打破慣例，拿起筆來。

　　　　人之所以形成一種習慣，都不是沒有原因的，生活變化不大，就是因素之一。原來想在今年能回到家鄉看看，一拖再拖，現在已是八月底了，依然沒有走成。看來，今年是回

不了「家」了。只好等明年再說。

近半年來，我的身體好多了；見面的人都說我「又胖了」。我並不希望「胖」，只希望沒有病。高瑛和孩子們都健康，請勿念。

幾次來信都提到鵬洲想到西北來，年輕人都有扇動翅膀的熱情，可是，現在，連我們自己的去向還不得而知的情況下，就很難滿足他的心願。在我們這個連隊，從農村轉到工業單位去的，一個也沒有。而從外省到這兒來的，也是女孩子一大都是她們的物件在連隊。

就農村的情況來說，江、浙當然是全國最富饒的地區。每當我從收音機裏聽到有關浙江的生產發展的消息，心裏就高興。海濟的胃病好些了沒有？金華二中在什麼地方？他還經常搞創作嗎？可惜我不能看到他的作品。鵬放平時都畫些什麼？幾個侄兒和侄女有沒有時間閱讀一些書刊？希望能繼續自修。

海濤現在何處？他的孩子在幹什麼？

蔣山退休後是否已在畈田蔣安家了？見面時，請代問候。

我雖然不愛寫信，卻很愛看信——很想知道家鄉的一切。

匆匆祝大家都健康、愉快！

高瑛問候大家，孩子們也問候嬸母、哥哥、姊姊們。

艾青

一九七二年八月三十日

這信中，充滿了對家鄉的思念和對親友的關心。

此後，海濟夫婦多次寫信請艾青一家回金華看看。（在 1972 至 1976 五年間，艾青給海濟、海濤兩家寫了八封信，信中除了通

報他們在新疆和北京的生活，談得最多的還是「回家」。）1973 年
5 月 17 日（編號：第六封信）艾青來信說：

> 「……回家探望親人，是我多年來的願望，惟至今未能實
> 現，害得諸親友日夜盼望，心裏實在過意不去。但我相信，
> 早晚能有機會和你們團聚些日子。」

而這一天終於來了。1973 年 9 月，艾青帶著高瑛和剛滿 10 歲
的兒子艾丹回到了金華。一見到洪雯娟，艾青的第一句話就說：「你
的信寫得很好，我是看了你的信才回來的。」

這次回鄉，既沒有 1953 年的春風得意，更沒有後來的 1982、
1992 年的前呼後擁。艾青正落難中，一隻眼睛也因多年失去了治
療機會而患了白內障。除了兄弟兩家和少數幾個朋友外，沒有人知
道他回來的消息。他卻叫海濟帶口信給蔣風，邀他到旅館見面，並
再度一起回畈田蔣尋故訪舊。當年文革中上臺的市縣領導也許沒有
人知道艾青是何許人，即使知道也未必會以禮相待，因為艾青是個
「大右派」。艾青一家甚至找不到一所旅館住，後來在一位老師的
幫助下——他妻子一個朋友在金華飯店當服務員——他們才安頓
了下來。

十月一日到了，艾青一家去畈田蔣。車子越接近老家，艾青的
心情就越激動。一到鞋塘一帶，雲霧中高高的雙尖山像一個古代武
士撲入眼簾，艾青喊道：「雙尖山，雙尖山上那激動的樣子就像饑
渴的嬰孩看到了媽媽。這是他歌頌過的雙尖山。

老家到了，鵬放從年久失修的舊居跑出來迎接，他看見人們傳
言中的「大詩人」個子高高的，穿著皺巴巴的草綠色衣服，面容平
靜而慈祥。剛一坐定，鄉親們就都來看望，送來了甘蔗、雞蛋款待
親人。艾青一下子認出了大堰河的兒子蔣正銀，還有種田能手蔣明

經。在老家和鄉親們的聚首言歡，使艾青感受到了只有家鄉才有的那份祥和。

艾青一家在畈田蔣住了五天，鵬放領他們去傅村和吳店逛集市，或者整半天繞村莊在田野散步，走走坐坐，看看山，看看水。

一次他們來到一個山坡上，艾青長歎一聲說：「在這裏蓋個房子，多好啊！」——頭一天，同村曾任省糧食廳副廳長的退休幹部蔣山來看艾青，他是在老家蓋了新房子的。艾青這次回鄉，也有歸隱田園的思緒，曾對蔣風透露過這種想法，只是將來究竟落戶北京，或杭州，或金華？全家人意見不統一，一時定不下來，按照他自己的意願，最好當然是能步蔣山後塵，落葉歸根，那該多好啊！

高瑛說：「對呀，我們把土地平一平，搞個院子，種點蔬菜和花；每星期一趟到金華買點副食品回來……」

艾青沉默著看著遠處。

高瑛又說：「實際上我們也身不由己啊！」

相見時難別亦難，不得不返回新疆的日子到了。臨行那天，二弟蔣海濟和侄兒鵬放陪艾青一家逛街。

在金華廣場，金師附小特級教師徐賢華認出了艾青，很激動地說：「是艾青哪，你的詩我很愛讀啊。」

艾青大聲說：「我的詩都是毒草！」

一個工人靠近來問蔣海濟：「這個就是艾青？寫《火把》和《向太陽》的艾青？」

海濟說：「是的。」

這位工人緊緊地握住艾青的手，眼中流露出深深的敬重和關切之情，久久沒有再說一句話。從這位工人的眼神，詩人讀到了明天的希望。在花鳥菜市場，艾青買了一盆仙人掌——他一生就愛仙人

掌，一生也像仙從掌一樣頑強──上車時他什麼行李都不拿，一心一意地護著這盆仙人掌。

他把這棵仙人掌一直帶到了遙遠的大西北。

為此，我們甚至有了這樣的想像：艾青那首膾炙人口的名詩《仙人掌》寫的就是這一株他從故鄉帶走的仙人掌。

三、五月歸來是白天

1982 年 5 月，中國作協浙江分會、中國當代文學研究會浙江分會等部門舉辦艾青創作生涯 50 周年紀念活動，艾青夫婦與會後，於 27 日順道回到金華。

艾青的復出，已是 1978 年。這一年 4 月 30 日，《文匯報》發表了他的《紅旗》，標誌著歌唱太陽的詩人再一次展開了歌喉。自此，艾青一發不可收，迎來了創作生涯中的又一個高峰。1979 年 3 月，中共中央組織部為艾青平反，恢復黨籍，恢復政治名譽，恢復原工資級別。1980 年 10 月，艾青新作集《歸來的歌》出版。這本詩集收錄了艾青 1958 年以來，主要是 1978 年以後創作的詩歌 60 多首。這部詩集在中國所產生的巨大反響，遠過於當年《大堰河》的出版。此外，各種中外文《艾青選集》也陸續出版。

這是艾青的第三次還鄉，是一次以詩人閃亮的身份重新回到人們視野的返鄉。

艾青會見了金華市文藝工作者和浙江師範大學師生，參觀了當年的母校金華一中（原省立第七中學），去畈田蔣祭掃了大堰河墓。艾青像一株從冰天雪地挨到春天的老枝，身上雖還帶著傷痕，心神卻在春風中舒展它的嫩綠。從 1957 年算起，21 年過去了。談起這段遭遇，艾青說：「二十一年換來三個字：搞錯了！」

訪問浙江師範大學時，艾青先去探望在中文系任教的三弟蔣海濤教授，並共進午餐。這時，兩位未脫稚氣的大學生忽然敲門進來，其中有一位姓董，是師大的大三學生。同行者介紹說，這是一位艾青詩歌的熱愛者。主人請兩人到書房稍候，想必他先得徵求一下艾青的意見，果然，不一會兒他就來請他們進餐廳了。

一位長者正坐在餐桌前剔牙，估計他就是艾青，那位姓董的大三學生很唐突地說了一句：「艾青，我終於見到了你！」他臉色漲得通紅，顯得有些不知所措。這時，詩歌幫了語無倫次的他，他竟對艾青念起了自己的詩：

> 你的前額
>
> 為我展示了那薄霧迷蒙的曠野
>
> 你眼中映出人類的苦難
>
> 你向太陽
>
> 唱光的讚歌
>
> 你礁石般巍然而立
>
> 含著微笑，看著海洋⋯⋯

突然，他卡殼了。房間一下子變得很安靜。高瑛和藹地鼓勵道：「說下去，別急。」

這個學生有些想哭，他是太激動了。於是他又朗誦了艾青的詩《太陽》，這是他此時最好的表達了。

「這首詩我也很喜歡──你朗誦得真好。」高瑛說，「來，我給你們合個影。」

主人端茶過來。小夥子喘息稍定，告訴艾青：他從高年級同學那裏借到 1952 年開明書店出版的《艾青選集》，把裏面的詩作連同序言全都抄了下來，一有空就大聲朗讀，差不多整本都會背誦了。

5 月 29 日，艾青去大堰河墓祭掃，小夥子得到消息趕往畈田蔣，與艾青一起到山坡上祭掃了大堰河墓。

回村時經過一個池塘，睡蓮開了。艾青說，這種花故鄉人叫「水輪盤花」。小夥子摘了一朵，還據此寫了一首詩請艾青指點。

艾青要走了，臨走之前，他又重訪母校金華一中——他就是在這裏寫下了第一篇白話文的。那天趕到車站為艾青送行的人很多，那位大三學生也在其中。

火車就要開了。

「給我火把！」這位大三學生說。

「現在是白天，不需要火把！」艾青指了指天空，詼諧而機敏地回答。

火車徐徐開動。

「讓我再看你一眼！」這位大三學生撒開雙腿，跟著火車跑了好長一段。

艾青在窗口側著身子回頭看，不住地揮手。

這一幕給艾青留下了深刻印象，1992 年 5 月，他生前最後一次回金華，還問起過這位酷愛他詩歌的年輕人。

四、故鄉實在太可愛了

艾青的第四次還鄉，與前一次正好時隔十年。

這是 1992 年 5 月，艾青回故鄉參加紀念《在延安文藝座談會上的講話》發表 50 周年和艾青詩歌創作 60 周年系列活動。詩人的到來像一陣旋風，再次在政界、新聞界、文藝界、教育界、企業界掀起了一股不小的「艾青熱」，許多場面非常感人。在短短一周時間裏，詩人給家鄉人民留下了深刻而美好的印象，而故鄉之行，也在詩人心坎上銘刻下不可磨滅的印記。

5月19日下午3時，艾青乘坐的列車到達金華。當時的金華市縣領導和艾青在金的親屬都到車站迎接。艾青坐在輪椅上，兩位「紅領巾」給他敬獻鮮花。艾青說：「我的家鄉實在太可愛了，家鄉人民對我太熱情了。我只不過是個普通的詩人，只不過寫過那麼一點詩，家鄉人民卻給我這麼高的榮譽。我準備寫一篇《故鄉行》。」

次日晚，金華電視臺等部門在金華劇院組織了一場「紀念《講話》五十周年艾青作品文藝晚會」。艾青與高瑛看完全場，並與演員合影。他這樣回答記者的採訪：「……開得很成功，我只能說很成功！金華是我的故鄉，我誕生在金華，故鄉太可愛了，實在是太可愛了，綠油油，水汪汪的……我回來，故鄉這麼熱情地隆重地歡迎我，我是謝謝，謝謝，第三個還是謝謝！我沒有帶什麼禮物，祝家鄉人民幸福、健康！」第二天他提到這檔節目時又說：「很有水平，可以到北京去演！」北京是世界上最大的城市，它有可能被夏威夷超過；弄不好，還要被金華超過！」正是「在鄉心正熱，話間情如火」啊。

21日上午8點，金華地委禮堂舉行關於艾青文學道路的學術報告，駱寒超教授主講，座無虛席。艾青在10點前後到場，應邀講了很多話。開始時他不肯說，後來高瑛要「代他說幾句」，他卻要自己來說了。他說家鄉可愛，說到他的保姆小馬的老家（河北密雲）沒這麼可愛，講到高瑛的老家山東龍口怎麼好，山東的孔夫子、孔廟、泰山一大串，其實他是想繞一個大彎子，把山東的好講完之後，再貶山東，然後講金華故鄉。他一再說的話是：故鄉實在太可愛了！

他說：「我寫作是為了人民，我一生的路我看得清清楚楚，我歌頌苦難的人民，悲哀的人民。農民是最苦的，『日出而作，日落而息，皇帝與我何有哉？』」

這一天他多次提到農民。吃早飯的時候，他講了一個故事：

> 有一個農民，活著時很苦，農民總是苦的！他死了，他死了
> 後就上了天堂。玉皇大帝說，你在人間吃盡了苦頭，現在，
> 你到了天堂，你要什麼都給你！這位農民想了好久，就說：
> 我要餃子。

這真是個幽默而殘酷的故事。

下午在飯店三樓，艾青與各界座談，回憶了延安時期與毛澤東的交往。「這些事，我講了一遍又一遍了，『有事商量，如你有暇，敬祈惠臨一敘。此致敬禮，毛澤東！』」他再一次重複了一遍，大家都樂了，一則因為他的重複，二則因他證據中的自我嘲弄成分，他是很知無意義重複的幽默效果的。人家笑的時候，他也笑，笑得很開心，笑出了眼淚。

又談到毛澤東──

> 1980 年，我去國外，有個美國記者問我對毛主席的評價，
> 我說，毛主席很偉大，很了不起，他領導把三座大山推翻了，
> 是誰也完成不了的歷史功績。我對毛主席很敬重，很欽佩，
> 是個了不起的人物，能文能武。翻譯是於梨華，她叫我小心
> 說話，因為美國記者會拿去做政治文章，我也是實事求是地
> 說。美國記者問我有沒有和毛主席談詩，我說沒有，他寫古
> 體詩，我寫新詩，不一樣。後來文章在《人民日報》發表了，
> 周揚看了說，艾青說得好！證明我沒有亂說。

談梁思成──

> 我寫了一篇文章，叫〈論梁思成的建築思想〉，是北京市派
> 車來讓我去看一些房子後寫的。我反對搞廟宇式復古，要因

地制宜地搞有民族特色的新建築。這個文章市長彭真看了，不同意發：「這個意見，我明白；但是他的做法，市里是同意的。」市里也有份，批評廟宇式，也就是批評市里，所以不好發。至於文章好壞，他不說。他說，梁思成夫婦都生病，很嚴重。

除了有時會將一些事件「焊錯」、交叉起來外，只要展開一件事，他就能頭頭是道地講下去。他當然還是詩人，有時來個悄悄的大跳躍，從一件事講到另一件事。他講起話來的神態真是迷人。

艾青與高瑛這一對患難夫妻，在座談會上表現了特有的幽默，他們結合於 1956 年。36 年相濡以沫，風雨同舟，恩恩怨怨可以寫成一本大書。艾青是個詩人幽默家，高瑛則是個堅強的樂觀者，兩人間的言詞，常有智慧的爆發。

艾青是延安文藝座談會的親歷者，大家希望聆聽他講述當年的情況。他先聊了些別的，高瑛提醒了他一次，他沒注意；高瑛又點了他一下，艾青明顯地惱火了：「你來開導我！你要說你來說！」臉也漲紅了。會場的空氣頓時有點緊張。

深諳先生脾氣的高瑛笑道：「是我不對——我向您檢討，行罷？」艾青已然放鬆下來。怒容變作笑容，慢慢道：「你不要向我檢討，我也不要向你檢討。我們要和平相處，大小國家和平相處，一律平等。你是小國家，你也是大人物，讓我們和平相處。」

聽眾歡快地笑了。

高瑛說：「我是你的影子，您也是我的影子。」

艾青回答：「你這個影子有時候很厲害。」然後他表示不按高瑛的「開導」談。他談與毛澤東的交往，一字一句模仿毛澤東的口

氣背誦毛澤東給他的信，有時還做點解釋，真可以說妙語連珠。有好幾次，艾青自己也笑出了眼淚，高瑛就給艾青擦臉。

「謝謝，謝謝！我的太太，有人說她是賢內助，我看不是咸內助，是甜──內──助。」

「我呀，」高瑛緊接著說，「我是──閒不住。」

大家又都樂了，會場裏充滿了融洽愉快的氣氛。

艾青思維敏捷，口齒清楚，一講就是半個多小時，高瑛怕他累著，兩次勸他早點休息。艾青道：

「叫我休息？就是要關燈，就是要停電咯？我希望燈總是亮著，我可以多說些話。」

5 月 26 日，艾青回故鄉滿一星期，他要離開這魂牽夢縈的土地，取道杭州返回北京了。

在短短的一周內，他在他的胞衣地畈田蔣參加了「大堰河」詩碑揭幕儀式，出席了《艾青作品文藝晚會》和《艾青研究學術報告會》，參觀了「金絲聯」，去母校金師附小看望了師生，給浙師大學生和駐金某部官兵講了話，會見了當地領導和各界人士，並簽名留念，還上街觀光。詩人「日光鍍亮的輪椅」在家鄉的土地上留下了深深的轍印。

送行的人絡繹而來。艾青應邀與他們一一合影。

火車出發的時刻近了。艾青的心情有些激動。他一再說：「家鄉實在太可愛，家鄉真是看不完！」

忽然出現了一隊穿紅制服的娃娃樂隊，為首的兩個「紅領巾」扛了一塊橫匾，上書「祝艾老一路平安」。樂隊的領隊舉的牌子上，寫著「金師附小銅管樂隊」，是母校的師生來送艾青了。

這一幕將送別的情緒推向了高潮，也使大家沉浸于一種依依惜別的惆悵中。高瑛推著輪椅一步一步走向列車，蔣鵬洲的女兒和蔣鵬放

的女兒定在兩邊,她們一再說:「爺爺,你不要走」,「爺爺,我們會想你的。」艾青的嘴唇囁動著,似乎想說點什麼,但沒說出來。

「艾老,你一定再回來!」人群中有人喊道。

「回不來了。還回來?」他深深地歎息一聲。

一語成讖,艾青的這次回鄉,竟成為此生對生養他的土地的最後一瞥。

一位青年詩人寫了一首詩紀念艾青的這次歸來,其中有這麼幾句:

> 把橘子圓的地球走遍
> 最後才是美麗的故鄉
> 故鄉在前面,在旅途中
> 故鄉
>
> 詩人來了又走了
> 回頭再回頭
> 他的腳陷進了故鄉的淤泥
> 留下了一雙鞋子

（本文係蔣風與飛沙合作完成）

有朋不怕遠征難

　　在茫茫人海中，結識一位朋友，往往都很偶然。我認識喬遷先生也是如此。記得 1990 年，我第二次到日本出席第一屆中日兒童文學學術研討會，我作為中方代表在會上作基調報告後，回到自己的座位上，又回答了與會者的一些提問。這時，我後座一位不相識的朋友，面帶笑容伸過一雙深情的手，我轉過身去緊緊握住這位新朋友的手，他向我表示熱烈的祝賀，他尤其為我對戰爭兒童文學的認識獲得聽眾的讚賞而感到由衷的高興。在親切的交談中，他告訴我，他已在日本定居近半個世紀，但始終不願加入日本籍，至今仍是身懷中國護照的華僑。當我得知他是一位名列《日本紳士錄》的著名教授，但仍甘願做一個堂堂正正的中國人時，我為他這種熱愛祖國的精神所深深的感動。那時正好我們神州大地蜂擁著一股出國潮，有一些中國人千方百計要擠出國門去當「老外」，想方設法以能領到西方國家的一張「綠卡」為榮，而這位深有學術造詣的日本名教授，仍樂意做一個中國人，怎能不令人欽佩。就這樣，喬先生留給我第一個非常美好的印象。

　　我一生從事兒童文學研究，喬先生不僅精通中國古典文學和考古學，對兒童文學也很有研究。共同的愛好產生共同的語言。1993年我三度東渡扶桑，在日本做了 6 個月客座研究員。在這半年時間中，我與喬先生有更多的接觸，常在一些兒童文學界的活動中見面，從而知道他與日本一流的著名作家如川端康成、井上靖等都有交往。在閒談中，他告訴我曾用中文翻譯了一些日本文學名著，希

望能在國內出版，要我幫助聯繫出版。我回國後，便為實現他這一願望而作了種種努力。

井上靖先生是日本當代最負盛名的作家之一。由於他的歷史題材的小說膾炙人口，因此井上靖有「歷史小說家」的美譽。這一美譽掩蓋了他在詩藝上的成就，文學界往往忽略了他的詩創作。其實井上靖先生寫詩的歷史很久。《遠征路》就是他詩的代表作。

《遠征路》出版於 1984 年，包括「遠征路」、「殘照」、「哈巴羅夫斯克」、「摘自『古老的筆記』」、「西域詩篇」等五輯詩作，內容大多是從旅途見聞出發，抒寫詩人對生活的敏銳感受。作為一名中國讀者，在這本不厚的散文詩集中，最吸引我的還是最後一輯《西域詩篇》，讀起來感到特別親切，得到感情上的共鳴。那「展延到一望無垠的天涯」的白龍堆，那「姿勢有著令人難以置信的近代風采的義腳彌勒，那搖著衣袖飛天的仙女，那寂靜端坐石窟中的千佛，那海市蜃樓般的幻之湖，那蕩著微笑的佛祖，那風靡了唐都的胡旋舞」，還有那濃郁民俗情味的四月八集市，無不如家鄉草木那麼熟諳、親切，詩人卻以幻覺般的形象，詩意蔥蘢地呈現在讀者面前，詩筆圓熟，語言平易，於全不著力中見出構思之精巧，並且寄託了詩人對人生和世態的知性思考，寫得十分含蓄蘊藉。

以上信筆寫出我讀《遠征路》的感受，僅僅是一個普通讀者的粗淺體會，因為我對井上靖這位日本名作家缺少研究，談不出深刻的心得。好在譯者喬遷先生是井上靖生前的好友，對詩人的思想藝術都有深刻的理解，他又是僑居日本近半個世紀並對日本文學深有研究的專家，對中日兩國文字的駕馭已達到圓熟的程度，因此書前喬先生的代序，定可幫助讀者深刻瞭解井上靖其人其詩，而喬遷先生的譯筆是足可以信賴的。

鳥越信先生

　　我有好多位日本朋友，其中交往最久、感情最深的要算鳥越信先生了。我和他都出生於二十年代後期，都經歷了慘痛的戰爭歲月，被剝奪了童年的歡樂，後來又都愛好兒童文學，從事兒童文學的教學與研究，並且都把研究的重點放在兒童文學史上。這一切，也許就是醞釀我們友誼之蜜的觸媒。

　　1986 年 8 月，我應邀參加了鳥越信負責籌備的大阪‧兒童文學國際研究會議。那天我從上海起飛，兩小時便到達大阪。下機後，國際兒童文學館煙中圭一和高橋靜男兩位研究員在出口處等候。我辦完出關手續走出來，一眼便看到他倆舉著「歡迎蔣風先生」的牌子。他倆帶我轉到國內航班候機廳休息片刻，我就隻身乘機去東京。

　　在東京無數霓虹燈光交織的閃爍中，飛機降落在成田機場，我帶著一種初次單獨出國的緊張心情走出機場，出口處未見有人來接我，心情就更加忐忑不安。在機場的大廳裏，人山人海，各色服飾、各種膚色的旅客川流不息，摩肩接踵，熙攘往來。天啊，在這茫茫的人海中，我怎能找到迎接我的鳥越信呢？我從未見過他，連他的照片也未見過，他又沒有如煙中圭一那樣舉個接客牌。我提著行李在人海中轉過來又轉過去，希望從陌生的人群中找到我從未見過面的朋友鳥越信先生。走來走去轉了個把小時，已累得滿頭大汗，腿也拖不動了。我開始失望了，心想也許鳥越信先生有突發的事無法抽身，也許他病了，躺在家裏，也許交通事故趕不及，也許……但

我又一一否定了自己的猜想，從幾年來的通訊交往中，我堅信他是一位重感情、守信用的人，即使遇上什麼意外，也一定會想方設法來接我這個初訪者的。於是我又在機場大廳的一個顯目位置上坐了下來，一面仍以探索的目光注視著每一位從我眼前匆匆而過的旅客，一面聽著響在我心裏的手錶秒針滴答滴答的聲音，心情緊張又焦急。眼看快十一點了，我想，總不能在機場裏坐等天明啊，還是先在機場附近找個旅館住下來再說吧。但正當我俯身下去提行李的時候，聽到背後有人用日語發問：「您是蔣風先生嗎？」我吃了一驚，「這位就是鳥越信麼！」我連忙轉過身來跟他握手。「哈齊妹馬西堆，多索、育落西可（初次見面，請多關照）」在我等得幾乎快要絕望之際，這位身材瘦小的朋友突然出現在我面前時，這怎麼會不感到吃驚呢。和友人初次會見，我往往拙於言辭。這次在異國他鄉我連應有的寒暄都忘了。而他卻接二連三地用我僅能聽懂的日語說起來了。他說他剛才也轉來轉去找我，後來僅僅憑一種直覺才尋找到我這位陌生的朋友。他還問我旅途的情況，他又說了召開兒童文學國際研究會議的計畫和安排，……他一句句誠摯的話，像一股股暖流湧上我的心胸。而當時我那滿腔友情的火，卻無法用準確的日語表達出來，這時只感到我那顆緊張、焦急的心，在無限溫暖的友情中很快平伏下來。

第二天中午，鳥越信先生要趕回大阪籌備兒童文學國際研究會議，我就斷然放棄在東京參觀兩天的計畫，跟他結伴乘新幹線高速火車去大阪。我們雖屬初次見面，卻談得很投機。我怨自己日語水平太蹩腳，他恨自己不會漢語，幸好中日兩國同種同文，在心靈深處潛蘊著的許多共同的語言，能借助漢字來交流。我說，由於中日戰爭的影響，我的整個少年時代都在腥風血雨中度過，因此失去了自己按部就班接受教育的機會，六年時間讀完十二年才能完成的基

礎教育。於是留下許多知能上的缺陷，例如外語就沒有學好，至今就影響到思想感情的交流。他聽了我的敘說，也深有同感。他說他的外語也因戰爭影響沒有學好。其實他的英語水平大大超過我。

到大阪後，他忙著開會，很少跟我促膝長談。但在這難忘的七天的相處中，他的一舉一動，都跳躍著一顆熱愛兒童的心。

一年以後，我邀請鳥越信先生到浙江師大來講學，他不僅沒有收受一分錢的報酬，連來回的國際旅費也是他自己支付的。最後我個人送給他的一幅中國畫和一個滴水觀音瓷塑，他也沒有占為己有，至今尚陳列在大阪國際兒童文學館館長室中。他的慷慨，他的無私，他的樂於助人，使我懂得友誼真是一種最神聖的東西，不光是值得特別推崇，而且值得永遠讚揚！我想一個人只要獲得人間真摯的友情，才能真正領略生活的意義。

這次他來我校講學的十天時間中，當時我因忙於校務，實在也擠不出多少時間陪伴他。但僅僅是這斷斷續續的交談，也使我對他那顆為了孩子、為了未來的博大恢宏的心，有了更深一層的瞭解。

1979 年，聯合國科教文組織把它定為國際兒童年。這位把畢生心血獻給兒童文學事業的早稻田大學教授，曾把他數十年點點滴滴收集起來的兒童文學資料 12 萬件，毫不吝嗇地全部捐獻給大阪府。後來，大阪府又以鳥越信先生捐贈的藏書為基礎，在吹田市風景秀麗的千里萬博公園內建造了舉世首創的兒童文學館。這個以收集、保存、整理、公開利用兒童文學資料為任務的研究機關，從 1984 年 5 月 5 日開館以來，已為孩子們和兒童文學事業的發展，作了大量有益的工作。同時，他們還附設了一個兒童室，為孩子們又開闢了一個活動場所。

今年十月，我因出席中日兒童文學討論會又來到風光旖旎的「夢之湖」畔，金色的陽光灑在千里萬博公園的大草坪上，國際兒

童文學館就座落在這個幽美的環境中。當我走進這座具有國際規模的兒童文學館時，對鳥越信先生的崇敬心情又一次湧上心頭。我真難以相信，這位身軀瘦小的鳥越信先生竟有如此博大的心胸、高遠的視野。他為了孩子們、為了未來，為了增進各國人民之間的瞭解，不僅獻出了自己全部珍藏的兒童文學資料，而且辭去了待遇優厚的早稻田大學教授的職位，離開了東京幸福美滿的家庭，孤身只影地生活在大阪，為策劃、開拓兒童文學館的工作而忘我地勞動。他究竟圖的什麼呢？我想他該有自己的希望和理想。

為了孩子健康成長，為了兒童文學的進步繁榮，為了人類美好的未來——這就是鳥越信的希望和理想之所在。

人的意義不在於他所達到的，而在於他所希望達到的。我從自己與鳥越信先生多年交往中，深知他所希望達到的，已逐步在實現；深信他的心願必將開出鮮豔的花，結出豐碩的果，定能顯示出他人生的意義和生命的價值。

如今，鳥越信先生年已花甲，但在他那乾瘦的身軀裏，仍然跳動著一顆永不衰老、博愛慈祥的心，他的生命是美麗的，我想，凡是關心下一代健康成長的人，都將永遠記住這個平凡的日本名字：鳥越信。

活在活著的人心裏

——沉痛悼念四方晨先生

　　剛從馬來西來巡迴講學歸來，書案上堆著一大疊未拆的郵件，首先跳入我眼簾的是日本兒童文學作家兼畫家五十嵐秀男先生的一封他親自製作的賀年卡。這封寄自東京墨田的賀卡拆開後，畫著一隻極富童趣的白貓在精心製作木工藝畫，旁邊掛著一條已完工的令人垂涎欲滴的扁魚，我正沉醉在這詩意的畫境中時，忽然發現賀卡的背面的一則噩耗：「亞洲兒童文學日本 SENTER 四方晨先生 2003 年 12 月 17 日，歿」。正漫遊於童心世界的我，頓時感到沉重起來。猶如春潮湧動中突然襲來的一陣寒意。我在五十嵐先生的賀卡上注視良久，與四方晨先生交往情景，像電影似的一幕幕浮上腦海。

　　記得 1990 年春天，韓國兒童文學學會會長李在徹教授邀請我列席當年 8 月在漢城召開的韓日兒童文學研討會，我於是向李教授建議，既然邀我列席，不如把朝日兒童文學研討會擴大為亞洲兒童文學大會。李教授接受我的建議，亞洲兒童文學大會便在 1990 年 8 月 9 日至 12 日在漢城召開了，其中日方代表便有四方晨先生，而我卻因為當年中韓尚未建交，辦理簽證十分困難，不能及時辦好而未能出席，仍以提供論文作書面發言作為中方代表。但終因未能赴會，失去了與四方晨先生見面的機會。

　　三年後的 1993 年，我有機會在日本從事半年研究工作，正好第二屆亞洲兒童文學大會在日本九州宗像市召開，我趕去參加了。第二天便有日本朋友給我介紹與四方晨先生認識，儒雅、平和、謙遜的他，給我留下了第一個美好的印象。

在第二屆亞洲兒童文學大會上，四方晨先生作為大會執行委員會委員長在開幕式上致辭中，特別強調亞洲各國以它所共同擁有農耕經濟以及漢字、佛教、儒學等獨特的文化形態，不同於西方文化，從視點不同這個角度，從 1990 年 8 月在韓國漢城起步的「亞洲兒童文學大會」就有著特別重大的意義。這一觀點給我留下難忘的記憶。而在大會閉幕式上，四方晨先生的簡潔、明快、全面、周到的總結，更對這位學者深表敬意。

從此，每屆亞洲兒童文學大會都為我和四方晨先生創造多次見面的機會。每屆大會，他都親自到會，我除了第五屆大會，因政治上的原因未能與會外，也從不缺席。因此對 1928 年出生於朝鮮漢城的四方晨先生，有機會逐漸加深認識。年輕時，他在朝鮮受教育，直到 1945 年日本戰敗，他才從漢城京城帝大預科轉到他故鄉的愛知大學就讀，在學期間就熱心兒童文化運動，此後曾創設兒童劇團，從事兒童文學創作，並擔任愛知大學教授。

由於他是在深受殖民地苦難的朝鮮度過童年和青年時代，感受到日本帝國主義的侵略，給亞洲人民帶來的苦難和心靈上的創傷。他認為：「日本過去所作的侵略，粗暴地踐踏了寶貴的亞州文化，我們的兒童文學作家，在作深深地悔改的同時，不能不指出這一事實，應當指出的是，在亞洲的兒童文學中，揭露與譴責侵略這一主題，至今仍是活生生的一大主題。」這番話說明他是一位有良心、有良知的作家，是一位反侵略、熱愛和平的作家。在他的代表作《園境》三部曲和《在黑夜中的狗》等作品中也讓讀者明顯感受到他那顆富正義感的心。在他早期作品中，不少描寫在殖民壓榨下朝鮮兒童的苦難身影，作家在朝鮮年青時生活體驗成了他創作的基調。

2002 年在大連召開的第六屆亞州兒童文學大會，我有機會再次見到四方晨先生夫婦，在分別時，他相約 2004 年在日本名古屋

他家鄉召開第七屆大會時相聚，如今卻成了泡影。本想再過八個月就可以見面了，不料他竟匆匆走了，心中留下數不盡的遺憾。

從與四方晨先生多年交往中，我感到他有一顆熱愛兒童、熱愛和平的心，他領導的亞洲兒童文學日本中心正在為今年的大會召開忙碌著，成為亞洲兒童文學事業逢勃發展的象徵，他的事業和著作是不朽的，他的聲容笑貌永遠留存人間。

英諺說：我們活在活著的人心裏，那麼我們就沒有死去。我相信，四方晨先生雖然走了，但他沒有死，會永遠活在人們心裏。

尋找李漁的足跡

——與韓國詩人許世旭蘭溪之行

芥子園記遊

突然接到韓國詩人許世旭教授來電話，說是要到金華來看望我，我真感到有點喜出望外。他是我多次在國際學術會議上見過面的老朋友。十年前還曾一起在新加坡去拜望過隱居在獅城郊區的五四老詩人劉延陵先生。我深知他對中國文學的癡迷和功底，在電話中我忙問他在金華能逗留多久，想參觀點什麼名勝故跡？他說此行想順便完成：「中國文學之旅」，要為韓國一家大報寫系列報導，因此，一不想遊山玩水，二不擬涉景獵觀，而是想安排兩天時間，於看望老朋友之餘，尋覓一下中國文化名人遺蹤和古跡。

韓國朋友到金華之後，我想應該陪他尋覓有中國莎士比亞之譽的李笠翁遺跡。他欣然同意。我們便來到風景如畫、境界似詩的蘭蔭山麓、濲水之濱，一座小巧玲瓏的江南園林便在眼前。大門口掛著書有「芥子園」三個大字的匾額。字體淋漓酣暢，是我國最後一名秀才、南匯籍書法家、110 歲壽星蘇局仙的遺墨。大門兩側有一對長聯：「當日笠翁李，於古文章兼雅鄙，傳奇其事，丹青其事，將世間人我是非，花禽山水，盡化作閒情偶寄笑作淚；莫言芥子微，個中天地納須彌，草樹如斯，池石如斯，願天下漁樵耕讀，名士布衣，都來此暢飲放歌蘭畹溪。」這可說是李漁一生事蹟的概括。

跨進大門，迎面壁上以青石鐫刻了「才名震世」四個大字，是借用了當年李漁在夏李村當「識字農」時，蘭溪知縣趙滾題贈

匾額的褒語，但也道出了社會對這位落第文人的客觀評價。早在明末清初，就有人這樣讚許他：「其史司馬也，其怨三閭也，其曠漆園也，其高太白也，其諧曼卿也。」（胡山：《寄李笠翁》），笠翁身後雖則褒貶不一，但學術界卻充分肯定：「湖上笠翁李漁，以詞曲負盛名，著傳奇十餘種，紙貴一時。錢虞山、吳梅村諸公，翕然推之。」（蔣瑞藻《花朝生筆記》），對他的《閒情偶奇》一書，更為近世學者所重視，在日、韓、美、英、德等國都受到普遍的推崇。今天我陪韓國友人來到芥子園就是慕名而來，尋覓這位戲劇大師的足跡。

進園後沿回廊左轉入側門，只見花木扶疏，亭臺樓閣掩映其間，別有一番雅趣。一座古樸雅致的二層樓房座落園中，題為「燕又堂」，這是園內的主體建築。樓內陳列著李漁生平事蹟的圖片和文字介紹，玻璃櫃內置放著李漁本人和後人研究著作，讓遊園者對這位文化名人有一個大概的認識。中堂還掛著人物畫家方增先所作的李漁畫像，雖係臆想之作，也可從畫家的墨韻中領略到笠翁放蕩不羈的風骨。

據說此園占地十畝半，確也符合芥子之微，但造園者反覆研究李漁造園藝術的美學思想，作了一番精心的構思設計，朱牖丹簷的亭臺樓閣，襯以小橋流水，石徑修篁，體現了中國園林的藝術傳統。有小中見大之妙，曲中見幽之趣。置身其間，爽心悅目，令人流連忘返。

其實這裏只是一座李漁紀念館，建於 1986 年，原來的芥子園不在蘭溪，而在南京。1657 年前後，李漁從杭州遷居南京，營建了占地僅三畝的小園，真可謂是小如芥子，卻設有棲雲谷，月榭歌台，來山閣、一房山、浮白軒諸景，充分顯示了李漁在造園藝術方面的精巧構思。李漁當年曾在那裏編刻了《芥子園畫譜》而名揚於世，如今園早已毀，而名卻不朽。

直到八十年代，李漁家鄉人為了紀念這位世界文化名人，按照他的造園美學理論，在蘭溪重造了個芥子園作為永久的紀念，無疑是一項理想的舉措。在人造景觀成風的今天，什麼秦王宮、三國城、唐城、宋城，還有什麼民族村、英國街、世界公園等等，除了因拍攝影視外景需要可置之不論外，那些為了一個「錢」字而花費不貲的仿古建築，難說有多少文化內涵。

蘭溪的芥子園不同於那些假古董，它借其名，取其意而建，足以使人在暢遊芥子園時，領略李漁造園藝術的雅趣。

李漁壩訪古

「要尋覓李漁真正的遺跡，還得去夏李村，那是笠翁的誕生地。」在李漁十二世孫李彩標先生的陪同下，便驅車向蘭溪孟湖鄉飛馳。

在小李的指引下，我們先來到孟湖鄉伊山後的李漁壩。當年李漁科場失意，又遇上換朝更代的亂世，兵荒馬亂，他便回鄉當了一名識字農。水利是農業的命脈，興修水利便成了中國人造福於民的一個傳統。白居易修白堤，蘇東坡修蘇堤，也都是為疏浚西湖，蓄水灌田。興修水利也就成了笠翁回鄉務農的一件要事。

來到李漁壩前，我便聯想 2000 年前的李冰父子，以他們的非凡膽識，截岷江水修都江堰，造福千年百代億萬人民，創造了一個天府之國。每次當我站在灌縣二王廟前，蜀都老百姓在塑像腳下頂禮膜拜的那種虔誠，絲毫沒有感覺那是迷信。我認為那是李冰父子為民造福才贏得人民感恩感德的香火。香燭焚燒後所煥發出來的每縷香煙，每絲火耀，都蘊含著百姓心中傾訴不盡的謝意。李漁壩在聞名天下的都江堰面前，當然是小巫見大巫，但李漁以一介落第書

生倡議修壩利農，實在難能可貴。水壩已有 300 多年歷史了。它歷經滄桑，稱得上一處難得的人文景觀。

據 1935 年重修李氏饗誠堂《宗譜》卷一〈水利〉篇記載：

> 伊山後石坪，上受厚倫方與胡樓山堰之水，應注伊山畈一帶，坪久塌壞，順治年間笠翁公重砌完固。彼時笠翁公構居伊山之麓。適有李芝芳任金華府刑廳之職，與笠翁公交好，求出牌曉諭，從石坪處田疏鑿起，將田內開掘堰坑一條，直至且停亭，復欲轉灣伊山腳住宅前繞過。公意欲令田禾使有萌注，更欲乘興駕舟為適情計也。後因拆生壙胡楠木廳欲建祠中饗堂，胡姓習詐。事不如願，結訟終止，此堰坑亦未開鑿完局，其石橋復沖壞一段，今改作二段。

從這段記載看，李漁壩本有一石坪經李漁倡議建堰鑿渠。看來壩已建成，而渠卻因有人刁難而未鑿通。儘管如此，三百多年來伊山畈一帶已受灌注之利。此事也給人以啟迪，為民辦事不好帶任何私心，一摻雜私心，好事也難辦成，有半途而廢之虞。

來到壩前，在青山綠樹的掩映下，澗水汩汩，翻壩而下，氣勢逼人，頗為壯觀。流水嘩嘩，好似還在為李漁唱讚歌。從興修水利角度看，李漁修壩灌田，雖未臻全功，但畢竟已有水利之益，值得後人永遠追思和緬懷。

且停亭懷舊

從李漁壩折返去伊園遺址的途中，一座剛修復的且停亭赫然在目，白牆黑瓦，頗具古風。這亭原是順治年間李漁回鄉後所倡建。光緒《蘭溪縣誌》有記：

「里之北有且停亭，笠翁公所造也。觀其地有伊山環拱屏障
於後，清流激湍左右，便行人之往來，故作亭於其上，名為
十濟庵且停亭，備十景也。」

當年李漁題寫的且停亭匾額，於今已不可覓。而據縣誌所載，
李漁親自撰寫的一副對聯，仍鐫刻於修復的亭子兩側：名乎利乎，
道路奔波休碌碌；來者往者，溪山清靜且停停。這副亭聯倒是活脫
脫剖示作者在那改朝換代、兵荒馬亂年代的內心世界，看似淡泊，
其實包含一種無可奈何的喟歎。

歷史上的李漁始終是個褒貶不一的人物，有人頌之「才名震
世」，有人譽之「情文俱妙，允稱當行」，有人說他「聰明過於學問」；
也有人指責他「未免放誕風流」，甚至有人斥之「性齷齪，善逢迎，
其行甚穢，真士林所不齒者。」過譽者有之，片面貶低也有，使人
難以評價。近讀周作人《笠翁與隨園》一文，他說：「李笠翁雖然
是一個山人清客，其地位品格在那時也很低落在陳眉公之下了。但
是他有特別的知識思想，大抵都在《閒情偶寄》中，非一般文人所
能及。總之，他的特點是放，雖然毛病也就從這裏出來的」。我認
為這段倒是比較客觀的評價。

在那科舉取士的社會裏，一般士大夫，追名逐利，很難免俗，
當李漁歷經坎坷之後，醒悟過來，名乎，利乎，發點牢騷，也情有
可願。可貴的是他斷了仕進念頭之後，並沒心灰意冷，能為人民做
些力所能及的工作，造福社會，應該值得讚頌。作為一位筆墨為主
的文人，找個溪山清靜之所，在藝術上有所追求寫出《笠翁一家
言》、《笠翁十種曲》、《十二樓》、《連城璧》、《閒情偶寄》、《笠翁詩
韻》、《笠翁詞韻》、《笠翁對韻》，還校改評定了《金瓶梅》等古典
名著，為中國燦爛文化增彩添色。

在且停亭休憩的片刻中，關於李漁一生的一串舊事一起湧上腦海，也可算作是對這位中國文化名人的一次追思和緬懷。

伊園舊址尋夢

早年瀆李漁的《伊園雜詠》諸詩，曾對伊園留下了一個引人的夢。李漁不僅是位才思出眾的文學家，而且還是一位園林建築師，他先在家鄉造了個幽美寧靜的伊園，後又在金陵造了芥子園，在北京建了半畝園，此外還為當年的名公巨卿設計建造過一個又一個園林，聲名斐然。

李漁放棄舉業回鄉後，便「擬向先人墟墓邊，構間茅屋住蒼煙」，於是在離夏李村里許的伊山買下了一片山林，建構了一座「伊山別業」，規模不大，卻很雅致。伊園主人曾在他自己的詩篇中作過令人嚮往的描繪。請看作為伊園主體建築的《燕又堂》：

> 佳客不須速　青山自解招
> 有時防客去　抽斷路邊橋

可以想像它依山傍水，風景如畫，且小橋流水，鳥語花香，詩意盎然。多美啊！且再看《宛轉橋》：

> 橋從戶外斜　影向波間浴
> 野色不肯分　臨分情委曲

多麼誘人的景色，令人處處動情，更使我流連的還是《踏影廊》：

> 手撚數莖髭　足踏群花影
> 錯向月明中　呼童拾藻荇

其實當年的李漁，「糊口尚愁無宿粒，買山那得有餘錢」，所建別業也不過是「山麓新開一草堂」而已。可是李漁畢竟是一位藝術天才，經他一番精心的設計，再加彩筆一點染，什麼「剝啄聲難到」的「宛在亭」，什麼「客來時一下」的「打果軒」，什麼「幽徑折還折」的「迂徑」，還有「長為搗藥兔」的「蟾影」都好似一幅幅山水畫，令人徜徉忘返。連用幾節毛竹引山泉穿牆而過的灶披間，也賦予一個「來泉灶」的美名。

> 山廚無遠汲　泉自渡危橋
> 卻笑顏回富　多予一個瓢

作為詩人的笠翁還把伊園受山水自然之利、享花鳥殷勤之奉，謳歌耕、釣、汲、樵、課農、灌園、浣濯、防夜、吟、眺十便絕句，更詠唱春、夏、秋、冬、曉、晚、晴、陰、風、雨十宜七絕。

尋覓伊園成了每個遊人的夢。

我們離開且停亭在田間小道上步行十分鐘，便來到伊山腳下。伊園舊址已無跡可尋，但當年李漁「窗臨水曲琴書潤，人讀花間字句香」那種恬淡卻詩意的氣派依稀可辨。

蘭溪歸來，我問韓國朋友許世旭：「此行觀感如何？」他連聲說：「太好了，滿意，滿意！」

在「沙漠」中植「綠草」的人
——憶訪《香港文學》主編劉以鬯先生

　　劉以鬯這個名字，我已記不清怎麼會留下如此深刻的記憶，也許是因為 40 年代讀過他的新感覺派小說《流亡的安娜·芙洛斯基》，也許是因為 50 年代讀過他的存在主義小說《天堂與地獄》，也許是因為 60 年代讀過他的意識流小說《酒徒》……總之，一位在文學之路上 60 年如一日，不懈地追求，不斷地創新，有著多方面卓越成就的作家形象，鮮明地留在我的記憶深處。而且我知道他是鎮海人，是我的浙江同鄉。

　　記得1994年我到香港大學講學時，有一位《香港文學》編輯胡少璋先生也來聽講。結束時，他約我作一次簡短的採訪，準備在他們的刊物上作一次報導。後來果然在一一五期《香港文學》封二裏刊登了我在香港大學舉行「兒童文學講座」的彩色照片和消息。就在這次短暫的採訪活動中我們談到劉以鬯先生，胡先生說劉以鬯先生是他們《香港文學》的創始人、社長、總編輯。

　　我想儘管行程十分緊張，還是應該擠出時間去拜訪一下這位留下鮮明記憶卻從未見過面的文學前輩。香港友人馮瑞龍博士主動提出，陪我去尋訪這位香港文化界的名人。

　　我們在地鐵中換了一次車，便來到灣仔，沿著摩利臣山道往上走。說是山道，其實是兩旁高樓林立的鬧市，但又確實是不斷往上的山道，有著登山的感覺。馮博士領著我找到了文華商業大廈，乘電梯到十三樓，在電梯口便看到了「香港文學雜誌社」的牌子。推門進去，胡少璋先生見是我這位新朋友，便站起來招呼，引我們進

會客室。一位慈祥的長者伸出手迎接我，他就是劉以鬯先生。儘管歲月已在他臉上刻出一道道皺紋，可這位飽經滄桑的老人仍神采奕奕。我首先表達了多年仰慕之情。這位出於生 1918 年的文壇老將，用濃重的浙江鄉音謙虛地說，他從事文學活動不過是一種愛好，他在上海大同大學附中讀初中時便愛好文學，常為校內壁報撰稿，儘是一些塗鴉之作，後來就參加葉紫發起組織的「無名文學社」，從此與文學結下了不解之緣。

我們講的都是浙江普通話，用鄉音談共同愛好的文學，有如他鄉遇故知，倍感親切。我早就聽說劉以鬯先生是香港文壇的多面手，除寫小說外，也搞翻譯、文學評論和文學研究，且都取得了輝煌的成就。尤其難得的是在香港這樣一座高度商業化的城市，在商品化庸俗消閒讀物的衝擊下，他費盡心力支撐著一份高質量、高水準的純文學刊物《香港文學》，確實是件不容易的事。劉老在《「沙漠」中的綠草》一文中公開表白：「我們決定在被某些人士稱為『文化沙漠』的香港創辦一種世界性中文文藝雜誌」，目的在於使之「成為『沙漠』中的綠草」。在香港有不少人辦過多種純文學雜誌，但都逃不脫短命的命運。如今劉老主編的《香港文學》月刊，已出到 149 期。難怪香港文學界人士一談到劉以鬯，無不肅然起敬。劉老在回顧過去的這段歷程時說：「我們仍在庸俗刊物的浪潮中掙扎，雖然辛苦，卻不氣餒。」

1995 年冬天，我有機會再去香港，雖行色匆忙，還是在離港前一天下午與我的研究生孫慧玲女士一起去重訪劉老。在短暫的拜會中，劉老非常關心家鄉的發展、變化，問到浙江的許多人和事，一股濃濃的鄉情從他的言談中不時流露出來。我除了一一作答外，也歡迎他在百忙之中擠時間回故鄉看看他難以忘情的山光水色。他表示但願有那麼一天。

　　我在告辭時，把一幅國畫送給他留念。他叫人取了幾本《香港文學》回贈，並派一名女職員送我到灣仔地鐵站。踏著暮色走進地鐵站時，在我腦海裏留下的，是一位可親可敬的浙江文學老前輩形象。

.

附錄　我與兒童文學

不久前，在宋慶齡基金會、文化部、教育部、廣播電影電視總局、共青團中央、全國婦聯、中國作協、中國科協聯合主辦的第六屆宋慶齡兒童文學頒獎大會上，將首屆兒童文學特殊貢獻獎頒給我和束沛德、任溶溶、浦漫汀四人。這項崇高的獎項今年第一次頒獎，就落在我這個醜小鴨身上，我感到驚喜，也感到幸福，內心又感到有點受之有愧。因為我只不過做了點應該做的事。

從北京領獎歸來，金華市文聯和金華市作協又為我舉辦一個「從事兒童文學創作研究六十年」座談會，對我的兒童文學事業作了高度的評價，更使我感到汗顏。會上《浙江師大校報》記者約稿，要我對自己的學術人生作一番回顧。這才使我驚覺，想不到自己在被安徒生稱作「光榮的荊棘路」上走過了整整六十年了。這兩件事，對我來說是莫大的鼓勵，也是莫大的鞭策。我想確實有必要回顧一下自己走過的路，作一點反思。因此想以《我與兒童文學》為題向大家作一個簡要的彙報。

一、與兒童文學結下不解之緣

我是偶然與兒童文學結下不解之緣的。上個世紀四十年代初期，日本帝國主義已入侵中國，佔領了中國大片國土，姦淫擄掠，無惡不作，可是卻有一些無恥的中國人為虎作倀當了漢奸，為日寇效勞。有血性的中國人把這些認賊作父的中國人當了漢奸，稱作「落水」。我就以擬人化的手法寫了一首童話詩《落水的鴨子》，用來諷

刺那些為人不齒的漢奸，投寄給《青年日報》，很快被發表了。這可說成了我後來走上兒童文學這條「光榮的荊棘路」的開端。當然這時的我，對兒童文學並無認識，僅是一種興趣，一種愛好，出於對侵略者及其走狗的憎惡而已。

讓我初步意識到兒童文學和兒童讀物對一個人成長的影響，還是抗日戰爭勝利以後。有一次，在《申報》上看到三個孩子受迷信反動的連環畫讀物的毒害，結伴離家去四川峨眉山求仙學道，最後跳崖「升天」以致粉身碎骨的報導，內心受到極大的震憾，從而想到要為孩子們寫點健康的讀物的念頭，開始沿著這條「光榮的荊棘路」走下去。其實，這時認識也還是朦朧的，並不十分明確。

二、走上兒童文學講壇

全國解放後，黨和政府提出「學習蘇聯」的號召，到上個世紀五十年代，全國師範院校紛紛學習蘇聯在大學裏開設兒童文學課程。如北京師大的穆木天、東北師大的蔣錫金、華東師大的宋成志、浙江師院的呂漠野、廣西師院的黃慶雲等，都在各自的大學裏開設兒童文學課。安徽師院本來由詞學大師宛敏灝先生開設兒童文學課，不久就因他被任命為該校教務長，想從兒童文學課教學任務中擺脫出來，急於想找人頂替，來信徵求我的意見，問我願不願擔任這門課的教學。我倆本來不認識，他怎麼會找到我，至今不明白。出於對兒童文學的興趣愛好和對兒童文學意義的初步認識，欣然同意承擔這份工作，並去蕪湖走馬「上任」，但終因浙江省教育廳不同意放人事檔案，不得不返回到杭州待命月餘，才派我去浙江師院（即後來的杭州大學）頂替呂漠野先生，與任明耀先生合作開設兒童文學課。就這樣我成為新中國第一批走上大學兒童文學講壇的拓荒者之一。

　　這是一門新開設的年輕學科，在大學的中文系裏被認為「小兒科」，普遍不受重視。但難度很大，沒有現成的教材，除了從蘇聯譯介過來的點滴資料外，什麼參考資料也沒有，只能白手起家，從中外文學遺產中點點滴滴搜尋、整理、積累，經過千辛萬苦的努力，花了兩年時間才完成了一本十分粗糙的「兒童文學教材」。其中關於中國兒童文學部分，就是我後來在江蘇文藝出版社於 1959 年出版的《中國兒童文學講話》（從新中國成立到文化大革命前，全國總共也只出過三五本兒童文學理論書），這本小書出版不到兩個月便售完，1959 年 6 月第二次印刷，1960 年 1 月第三次印刷，一連印了三、四次，獲得評論界的好評，認為這是一本中國兒童文學史的雛型。由於教學工作的需要，我放棄了兒童文學創作，把興趣和精力轉移到理論研究上來。搞研究，資料的搜集、整理是一項基礎。於是，我開始把全副精力花在兒童文學資料上。除和任明耀先生合編過一本《兒童文學參考資料》內部發行外，為了研究魯迅對兒童文學的巨大貢獻，曾將《魯迅全集》通讀了一遍，把他對兒童文學的論述，一一摘錄下來，做成卡片，最後編成《魯迅論兒童教育和兒童文學》於 1961 年 9 月在少兒出版社出版。我想，做學問就得從一點一滴積累開始，滴水聚集，就能成湖。因此，我堅信小小的火星，終有一天會燃起熊熊大火來的。做任何工作都不可惡其小而不為，做學問也一樣。當我正想把兒童文學當作一門學問來做的時候，卻因毛澤東同志的一句話：「學制要縮短，課程要精簡」，大學裏的兒童文學就被精簡了。開始我選擇了與兒童文學性質最接近的民間文學；後來民間文學也被精簡了，我不得不改行教中國現代文學、寫作。但我的興趣沒有改變，我的愛好沒有改變，除了盡可能在中國現代文學課和寫作課內加進兒童文學的內容外，仍在做好本職工作的同時，利用業餘時間進行兒童文學研究。先後發表了百餘

篇論文，後來，在湖南人民出版社出版了《兒童文學叢談》，還有在貴州人民出版社出版的《兒童文學漫筆》就有其中的一部分。在那極左思潮占上鋒的年代，我的刻苦努力，卻成了走白專道路的典型，受到批判，受到歧視，我沒有介意。到了那「史無前例」的文革年代，更被當作「反動學術權威」，成了「牛鬼蛇神」關進「牛棚」，不僅人格受到污辱，還失去自由長達三年之久。但即使在「牛棚」裏那些艱難的歲月裏，我也常常以背誦童謠兒歌，用來驅散心中的抑壓，在苦中作樂時作了一些思考，略有心得，走出「牛棚」便寫成了一本小書《兒歌淺談》於 1979 年在四川人民出版社出版。因此，我相信：對於一件事情只要已經開始做，不管在任何環境中都要做到底，哪怕這件事情並不怎樣大。路只有在前進者足下才會縮短。

三、參與兒童文學組織工作

我與兒童文學結緣，歸根結蒂還是對文學的愛好。新中國成立不久，金華地區文聯成立，我被選為秘書長，接著金華市文學工作者協會成立，我又被選為主席。因為工作關係，我曾組織過幾次文學講座，其中也有兒童文學的內容。1954 年浙江省第一次文代大會召開，我以金華地區代表身份出席大會，因此我又成為省文聯個人會員。1958 年兒童文學作家金近下放浙江，省文聯成立了兒童文學小組，當時參加小組活動不到十人，金近是小組長。浙江兒童文學活動就開始蓬勃發展起來，金近立了第一功。1962 年金近被召回北京籌辦《兒童文學》雜誌。這時中國作協浙江分會已成立，我被選為常務理事，並接替金近擔任兒童文學組組長。到上個世紀八十年代，兒童文學組擴展成為兒童文學創委會，幾次改選，仍選我當主任，一直連任了三十多年。浙江省的兒童文學取得較大的成

績，受到全國的注目，其中有我的辛勞，但更多的是創委會全體同仁的努力，尤其會員們勤奮創作的結果。後來因我的本職工作單位從杭州遷到金華，具體的工作主要落在張光昌和倪樹根兩位同志身上，是他們的無私奉獻，才使得浙江兒童文學事業走向輝煌。當然也是全體兒童文學作家熱情創作，才使得浙江省兒童文學成為「獲獎大戶」，每年都會捧一兩個大獎回來。在我主持浙江作協兒童文學小組的三十多年間，尤其是成立兒童文學創委會後，從 1980 年至 1995 年這十多年，為了繁榮全省兒童文學創作，主要採取筆會的形式。每年暑假期間都要用一周到兩周時間，讓全省兒童文學作者帶著自己的作品來，到會上相互交流，認真加工，取得較好的成效。在李燕昌的回憶文章中寫道：「從那時起直到九十年代中期，蔣風先生一直擔任著浙江作協兒童文學組的組長，而那段時間浙江兒童文學組的活動又很有起色，每年暑期差不多都有一次筆會，這在各省作協兒童文學組中是很少見的。每次舉行筆會，蔣風先生極大多數都親自與會，或向到會同志介紹國內外兒童文學創作動向，或跟到會者共同研究具體創作問題。在進行這些活動的時候，他總是那麼平和、真誠，沒有一丁點兒專家學者的架子。」（李燕昌：《平和・真誠》） 為了兒童文學的繁榮，就應不斷有新人培養出來。在我主持浙江兒童文學組工作期間，發現新人、培養新人是第一位的工作。三十多年來，浙江省冒出一批頂尖的兒童文學作家，如冰波、謝華、夏輦生、屠再華、龔澤華、王銓美、李想、趙海虹……，都與浙江省作協兒童文學組的發現、培養分不開。例如，謝華（浙江師大中文系八一屆畢業生）就在她的《我的兒童文學搖籃》一書中回憶：「大約是八一年的夏天，蔣老師第一次把我的幾篇作品帶到了浙江省的兒童文學年會上，然後在開學的時候，帶給我許多鼓勵和希望。終於在第二年的夏天，我在蔣風老師的推薦下，參加浙江

省作協的兒童文學年會了，也是從那以後，我從浙師大的兒童文學
搖籃中走出來了，走向了兒童文學創作的更加廣闊的天地。」在我
作為評委的全國作協第二次優秀兒童文學創作評獎中，她的童話
《岩石上的小蝌蚪》以全票通過，名列前茅。

有時候一句鼓勵的話，會影響著人的一生。記得在一次全省的
創作會上，我曾對蘭溪的徐迅說：「你在學校裏當教師，熟悉孩子，
瞭解孩子，有生活，而且已發表過一些作品，有一定的基礎，你應
多從兒童文學方面發展。」如今，他已發表了以兒童文學為主 150
多萬字的作品，出了四本書，有近 10 篇（部）作品獲得全國級和
省級的優秀兒童文學作品獎，成為我省著名的兒童文學作家。他曾
經有感觸地回憶說：「的確，蔣風老師的一句話，使我在三四十年
的業餘時間裏，能自覺、勤奮、執著、潛心地在兒童文學的園地耕
耘著。」看到年青的兒童文學家成長起來，我感到十分欣慰。　後
來，我於 1980 年發起成立中國兒童文學研究會，又在研究領域做
了類似的工作，也取得了明顯的成效。

四、為創建兒童文學學科努力

我學術生涯中最關鍵的時刻是 1978 年。經過文革十年浩劫，
兒童文學園地一片荒蕪。針對少年兒童生活裏的嚴重書荒現象，由
國家出版局、教育部、文化部、共青團中央、全國婦聯、全國文聯、
全國科協於 1978 年 10 月在江西廬山聯合召開全國少年兒童出版工
作座談會，不知什麼機緣竟邀請我也出席這個大規模而具有深遠歷
史意義的大會。會議總結了三十年來的經驗教訓，不僅與兒童文學
領域的撥亂反正起到積極促進和推動作用，而且為改變目前兒童讀
物的嚴重落後狀況提出建議。例如，師範院校應恢復開設兒童文學
課，有條件的學校可以招收兒童文學碩士研究生。大會主席團的嚴

文井還專門召集陳伯吹、賀宜、金近、包蕾、魯兵和我等七、八個人開了個小會，商議要編寫一本系統的《兒童文學概論》，會上推我承擔這一任務。

盧山會議歸來，我便向浙師院黨政領導作了彙報並提出建議：1. 在浙江師院率先恢復兒童文學課，並面向全院學生設立兒童文學興趣小組；2. 當年便第一個開始面向全國招收兒童文學碩士研究生；3. 創建全國第一個兒童文學研究機構，並同時建立一個兒童文學專業資料室。得到認可後，在一無人力、二無資金、三無設備的情況下，毫不畏懼地奮然前行。

在學校領導的大力支持鼓勵下，我一方面以講師的身份招收兒童文學碩士生，同時在中文系率先恢復開設兒童文學課；另一方面招兵買馬籌建全國第一個兒童文學研究室和兒童文學專業資料室，並著手編寫新中國第一本《兒童文學概論》。當時有人對我說：「人家副教授對招研究生都感到膽怯，不敢應允，你是個講師居然敢招碩士研究生？」我想當時急需兒童文學人才，我為什麼不勇敢地試一試呢？」

經過許許多多磨難，耗費兩年的時間和精力，終於從浦江調來了黃雲生老師，又從滇西邊城開遠調來了韋葦老師，並對他們的專業方向作了安排。並親自策劃主持著手編寫了兒童文學碩士研究生的系列教材，就是後來陸續出版的《兒童文學概論》（蔣風著）、《兒童文學教程》（蔣風主編）、《兒童文學原理》（蔣風主編）、《中國現代兒童文學史》（蔣風主編）、《中國當代兒童文學史》（蔣風主編）、《外國兒童文學史概述》（韋葦著）、《外國童話史》（韋葦著）、《中國童話史》（吳其南著）、《世界兒童文學事典》（蔣風主編）。至今仍被不少院校選作教材。同時，培養了一批新中國第一流的兒童文學理論骨幹，如吳其南、王泉根、湯銳、方衛平、潘延、韓進等，

還有青年童話作家湯素蘭等。有的已成為教授、博導，有的已成為國內外知名的專家，日本一家兒童文學權威刊物作了專門介紹：「浙江師大蔣風先生培養的碩士研究生，已成為中國兒童文學的研究中心。」虔誠的開端，雖然帶來美好的結果。但要創建一門新學科，路還很遙遠。為了給師大打響兒童文學這個品牌，也還有很多很多的工作要做。

例如，1980 年由我發動並組織北京師大、華中師大、河南師大、杭州大學等合作編寫兒童文學教材，1982 年由四川少兒出版社出版。又如，1983 年創辦《兒童文學理論年鑒》，後因出版單位毀約，僅出了一本。第二年就自力更生改出《浙江師院學報・兒童文學專輯》，每年一卷，連續出了六卷。再如，經我倡議，發動全國兒童文學主力完成了《兒童文學辭典》編寫工作，經三年多的努力，1991年由四川少兒出版社出版，成為我國第一部兒童文學專科辭典，填補了我國辭書領域一個空白。還有，為了讓更多的人關注這門年青的學科，培養更多的接班人，還親自或發動全研究室做了以下幾項工作：

1. 先後接受南京師大、西南師大、華東師大、華南師大、海南師院、福建幼師、西安幼師派兒童文學教師前來進修。2. 1982、1984、1987 連續舉辦了三期全國幼師、普師兒童文學師資進修班，學員遍及 25 個省市，共 140 人，不僅為全國師範院校培養了一批骨幹教師，也把兒童文學的學術種子撒向全國。並以進修學員為基礎成立了全國師範院校兒童文學研究會，一直健康運營，每兩年舉行一次研討會，至今不輟。3. 1985 年應福建省教育廳邀請，為該省舉辦全省兒童文學暑期講習會，學員近百人。4. 自 1982 年開始我多次應文化部邀請，在華北、東北、西南、西北、廣東、廣西、湖南等兒童文學講習會擔任講師。5. 後來我還先後接受指導新加

坡留學生葉淑蘭、馬來西亞留學生愛薇等的進修工作。總之，近
20 年時間內在學科建設方面做了大量工作，人家想不到的，我想
到了。人家做不到的我做到了。追求起點高，立意新，做任何工作，
我總想先人一步。我深信：思想境界的程度決定一個人的事業成功
與否。要做好一件事，包括讀書做學問都如此，首先要有開拓精神。

　　兒童文學是一門年青的學科，至今還處於拓荒階段，需要我們
不斷探索、不斷創新、不斷前進。

五、中外兒童文學交流的開拓

　　任何一門學科的發展，都離不開中外交流，有交流才能進步，
有交流才會發展。近 20 多年來，我致力於兒童文學的中外交流，
可謂不遺餘力。這裏只能羅列一些活動，向大家作一彙報。

　　1. 1986 年 IBBY（國際兒童圖書評議會）在日本東京舉行千
　　　人大會，我同時收到兒童讀物世界大會——第 20 屆 IBBY
　　　東京大會會長永井道雄和執行委員會委員長渡邊茂南的
　　　邀請信和日本國際兒童文學館館長管泰男的邀請函。前者
　　　受邀出席大會的近千人，而後者是從前者受邀者名單中挑
　　　選了 20 人（代表了 17 個國家），我因簽證延誤，趕到東
　　　京時，東京大會已將結束，於是折回到大阪，出席「兒童
　　　文學國際研究會議」。在會上結識了許多世界上兒童文學
　　　界的權威學者，如德國的 Klaus Doderer 和 Andreas Bode，
　　　加拿大的 Ronalda Jobe，美國的 Anne MaCleod 和 Sybillea
　　　Jaguach，蘇聯的 Igor Motyashov，澳大利亞的 Juliana
　　　Bayfield，芬蘭的 Riitta Kuivasmaki，瑞典的 Uif Lofgren，
　　　日本的鳥越信、神宮輝夫，韓國的李在徹等，這些學者後
　　　來又在多次國際會議上見面交流。所以出席這次小型的國

際會議，不僅我個人也使浙江師大在國際學術交流中產生了重大影響。

2. 1986年8月應日本兒童文學學會邀請參加兒童文學懇談會，在會上作了《中國兒童文學研究的歷史和現狀》的報告。

3. 1987年在西德國際青少年圖書館邀請出席該館召開的首屆兒童文學國際學術會議，因校務繁忙未能成行。

4. 1987年邀請日本兒童文學著名學者鳥越信教授來浙江師大為研究生講授《日本兒童文學史》課程。

5. 1988年8月，應新加坡歌德學院和新加坡作家協會聯合邀請出席第二屆世界華文文學大會，在會上作《中國兒童文學如何走向世界》的發言。

6. 1990年8月韓國李在徹教授邀請我列席在漢城召開的韓日兒童文學研討會，我去信李教授建議，既然邀我列席會議，不如將會議改為亞洲兒童文學研討會。李在徹接受了我的建議，但當年中韓尚未建交，簽證趕辦不及，我也因此仍未能出席。不過我還是提交論文作書面發言。後來又被推選為共同副會長、會長。會議每兩年一屆，一直延續至今，明年將在日本名古屋召開第七屆大會。

7. 1990年10月應國際兒童文學館的邀請出席在大阪召開的中日兒童文學討論會，在會上作基調報告：《1919－1959在「光榮的荊刺路」上跋涉——中國現代兒童文學四十年的足跡》。

8. 1991年6月應新加坡國立大學之邀請，出席「漢學研究之回顧與前瞻」國際學術會議，在會上作了《四十年來的中國兒童文學研究》專題發言，並主持文學組分會場會議。

9. 1991年，應新加坡教育部課程發展署之邀請，為該署全體語文課本編寫員作了《談談兒童文學》的報告。

10. 1991年，國際兒童文學學會在巴黎舉行第10屆年會，會前接受會長的委託，在中國各報刊作了宣傳報導，因此有10篇中國學者的論文入選。我也寄了論文去，但因經費原因未能赴會。本來該會僅我一名中國籍會員，巴黎會議後，才又陸續吸收了劉先平、譚元亨、韋葦等人入會。

11. 1993年2月應聘到日本國際兒童文學館擔任專家級客座研究員，作為期半年的研究。

12. 1993年7月18日，應邀在第4屆格林獎頒獎紀念演講會上作《為了孩子，為了未來》的專題演講。

13. 1993年7月25日，應日本中國兒童文學研究會邀請在關西例會上作《中國近年來童話創作的創新與突破》的專題報告。

14. 1993年8月24日至28日，應邀出席第4屆環太平洋兒童文學大會，並在會上作《中國兒童的讀書環境》的發言。

15. 1993年8月28—30日，參加在日本宗像市舉行的第二屆亞洲兒童文學大會。

16. 1993年8月31日至9月4日，應韓國兒童文學學會邀請出席首屆中韓兒童文學研討會，在會上作《中國兒童文學的歷史與現狀》的報告。

17. 1993年9月6日，應韓國檀國大學邀請講學，作《中國近年來童話創作的發展》特別演講。

18. 1994年5月23日，應香港浸會大學邀請講學，作《中國兒童文學歷史發展》的專題演講。

19. 1994年5月25日，應邀到香港大學講學，在該校亞洲文
    化研究中心作《中國兒童文學的歷史與現狀》演講。

20. 1994年5月28日至6月8日，應海峽兒童文學研究會邀
    請，赴台出席海峽兩岸兒童文學學術研討會，在會上發
    表專題論文《情‧象‧境‧神──從中國詩藝美學傳統
    看海峽兩岸兒童詩》，當天臺灣各大報和美國之音，都作
    了報導。

21. 接芬蘭兒童文學學會之邀請參加1994年8月7—10日在
    坦尼爾舉行的「托芙‧楊松作品研討會」，因經費限制，
    只在會上提交書面發言：《在中國小讀者眼中的楊
    松》，失去了一個與楊松當面直接交流的機會，感到十
    分惋惜。

22. 1995年11月，出席在上海召開的第三屆亞洲兒童文學大
    會，在會上作《激動人心的期待──經濟騰飛給中國兒童
    文學帶來什麼》的發言。

23. 1995年12月再次應邀到香港大學講學，作題為《兒童文
    學與兒童教育》的報告。

24. 1996年4月出席在南京召開的第八屆世界華文文學研討
    會，在會上作《走向21世紀的香港兒童文學》發言。

25. 1997年8月，在漢城參加世界兒童文學大會暨第四屆亞洲
    兒童文學大會，作題為《東西文化撞擊下的中國兒童文
    學》，並應韓國《童話與詩》雜誌社之邀，介紹《中國兒
    童文學的歷史發展》。

26. 1997年11月出席在北京召開的97世界華文文學研討
    會，提交了《展望繁花似錦的東南亞華文兒童文學》
    論文。

27. 1997年12月以「世紀之交的東南亞華文文學」為主題的研討會在廈門大學召開，應邀作了《東南亞華文兒童文學的現狀和未來》的專題發言。

28. 1998年4月，英國加的夫大學來函邀請出席該校主辦的「國際卡樂爾現象研討會」，撰寫了《幻想的偉大勝利》論文作書面發言。

29. 1998年9月推薦日本兒童文學家笠原肇來浙江師大任教一年。

30. 1999年12月到廈門大學參加「東南亞華文文學回顧與展望」研討會。

31. 2001年應邀到香港中文大學作為期10天的短期講學，主要講《中西兒童文學之比較》。

32. 2002年1月給臺灣台東師院兒童文學研究生講《關於兒童詩的美學思考》。

33. 2002年7月4日至15日應邀赴馬來西亞作巡迴講學，先後在麻坡、吉隆玻、關丹講學。

34. 2002年8月赴大連出席第六屆亞洲兒童文學大會，在會上作《從口水吐向安徒生到哈利波特熱》發言。

35. 2003年1月10—19日，再度赴港，到香港中文大學和香港教育學院講學，並出席香港教育學院舉辦的「兒童文學與語文教學研究會。」

36. 2003年12月，再度應邀赴馬來西亞，赴吉隆玻、彭亨、關丹、檳城、柔佛巴魯、詩巫、砂撈越古晉等地作全國巡迴演講。　對外交流給我帶來學術水平上的提升，對外交流也給我帶來快樂和榮譽。當然也付出雙倍的辛勞，決不是在花徑上踱踱方步所能得到的。

六、在兒童文學中發揮餘熱

　　1994 年根據組織部門的安排，我辦了離休手續。但是我想自己身體健康、思維敏捷，總不能坐享清福過養老的生活。珍惜光陰可使生命變得更有價值。我想應在自己有生之年，再為社會奉獻一點餘熱。幹什麼好？當然要在已結了不解之緣的兒童文學事業中尋找。

　　1994 年下半年我便單槍匹馬籌建了一個民辦研究機構──中國兒童文學研究中心。我想已在培養兒童文學人才方面積累一些經驗，何不再招兒童文學研究生呢？但我又無力給予學歷證書，因此套用了「非農業戶口」的「非」字，開始招收非學歷兒童文學研究生。因為是奉獻餘熱，所以不收學費。由於我是單槍匹馬，所以只能自學為主，面授為輔。平時根據我提供的書目和我編寫的《自學指導》進行自學，每年暑期面授一次。通過兩年或更多的時間學完六門研究生課程。按照要求完成不低於最低限量的作業，每年撰寫學年論文，最後通過結業論文答辯後發給結業證書。

　　招生信息一傳開，報名者紛至沓來，第一屆就招了 39 名，至今已招了八屆，學員共 300 多人，不僅遍及全國各地，且逐步延伸至港臺，又擴至新加坡、馬來西亞和日本。培養了一批學者如馬力（瀋陽師範大學兒童文學教授）、孫慧玲（香港大學兒童文學高級講師兼作家）、葉俊聲（香港中文大學兼職講師）等，也培養了一批兒童文學作家如袁銀波、冶軍、呂麗娜、謝樂軍、安武林、劉鳳鸞、沈芬、黃鵬先等。其中如沈芬就是參加非學歷兒童文學研究生學習後開始科學童話寫作，如今已在河北科技出版社和河北少兒出版社各出了一套科學童話集，不久前還在全國科普創作評獎中獲得大獎。

　　為了聯繫函授學員方便，我又自費辦了一份《兒童文學信息》報，每年出四期左右，如今已出至 26 期，從組稿、選稿、編輯、畫版、送印、校對、清樣，到一份份封好，寫好信封再送到郵局，除我在寫信封和校對時找老伴幫幫忙，幾乎全部由我一個人完成。每期 3000 至 3500 份，全部免費贈送給學員與兒童文學有關的單位和個人。從印刷費到郵資幾乎也全用我的離休工資開支，每期得化上一至二個月的離休工資。有人說我太傻了，有福不知道享，卻賠錢化精力做這種傻事。「大智和大愚，相距咫尺遠。」我卻認為自己傻得有意義，能為別人做一些有益的工作就是幸福，而且一旦得到它，就夠受用一輩子了。

　　近年來，我愈來愈感受到兒童文學是人生最早的教科書，在有生之年，還想做點更有意義的實踐性工作。於是我想到了詩對一個人成長的重大作用，尤其是讓孩子從小接觸詩、認識詩、愛好詩，從而使他們在詩美薰陶下健康成長。從上個世紀九十年代開始，我從金華起步，先後在金華少兒圖書館、金師附小、環城小學、新世紀學校、江濱小學、西苑小學、金華市青少年宮，繼而擴大到省內、國內、香港、直至馬來西亞的華人孩子中播撒詩的種子。同時，我還在《少年大世界》、《作文週刊》、《紅蜻蜓》、《小學生之友》等兒童報刊開闢了《蔣爺爺教你學寫詩》、《兒童詩點評》等專欄連載，想讓更多的孩子熱愛詩，學習寫詩，並在詩美的影響下成為一個德智體美全面發展的人才。這也取得意想不到的成效。例如去年我在金華市青少年宮進行了「蔣風爺爺教你學寫詩」系列講座，共四講，並作了四次寫詩練習。第一次練習由於孩子們對詩尚缺少認識，也不懂得怎麼寫，我只從百餘篇作業中選出 2 首比較認可的作品。第二次練習也只選了六、七份。第三、四次練習就出乎意料的收到了一大堆好詩。後來青少年宮編選出版了詩集《童心在這裏飛翔》。

後記中說：「我宮成功的舉辦了蔣風爺爺教你學寫詩系列講座，極大程度的激發了小文學愛好者們純真、率樸、明朗、歡快的情感，他們既學會了如何欣賞兒童詩，也大膽的能用簡潔、生動的語言傳達著自己那被啟動的詩心。」確實如此，這不僅使我感到欣慰，也讓我和孩子們一起品嚐到了收穫的快樂。

　　人的一生是很短的，短暫的歲月要求我們好好領會生活的進程。在我從事兒童文學創作、教學、研究的歲月中，走在光榮的荊棘路上，一步一步奮然前行，盡一個人所能盡的最大努力，不折不撓地為自己也為兒童文學事業開拓道路。

後記

眉睫

　　蔣風先生畢生從事兒童文學的研究、評論、教育活動，為中國兒童文學學科的建立、兒童文學研究和教育人才的培養，以及兒童文學閱讀的推廣，都做出了令世人矚目的成就。我於 2005 年夏至浙江金華，問道于先生，四、五年來，凡先生著作未嘗釋手，然惜無所成，心中愧甚。回思先生已版著作，均在海內外產生巨大影響，惟獨有關文壇交遊文字不曾結集成書，如加以搜羅、整理，並付印行，作先生一生文緣之見證，以啟發後世學子，不亦佳事一椿？我將此想法彙報于先生，得到先生首肯，並親自搜集文章，交我編校整理。我本不器，能為先生做此工作，心中愧意乃稍減，並希今後有所長進也。

　　先生已年近九十，有愛戴先生者，于先生生平、思想之資料，勤於搜集，寫成《蔣風評傳》一書出版，實功莫大焉。本書自非傳記，僅先生畢生文緣之一記錄，上至五四作家有劉延陵、豐子愷、張樂平等，下至先生同輩有葉君健、劉以鬯等。若論地域範圍，則兼及海外，如韓國、日本等。先生甚重視此書，命名《悠悠文緣》，屢次詢問出版進度，並於去年九月末赴漢會議之暇，招余面談此書目錄之編排諸事，至為詳盡。現此書已排版，不日將印行，今勉為一後記，以作日後紀念之資。

末了，著名兒童文學家、湖北省作家協會副主席董宏猷先生為此書作序，深致謝意。

2010 年 5 月 12 日於武漢朗山軒

眉睫，原名梅杰，湖北黃梅人，業餘學者，關注近現代文史、法律與文學、兒童文學等。著有《朗山筆記》、《關於廢名》（臺灣秀威 2009 年版）、《現代文學史料探微》（上海遠東出版社 2009 年版），編有《許君遠文存》、《梅光迪文存》、《讀廢名》、《綺情樓雜記》等十餘種。現任湖北長江出版集團海豚傳媒股份有限公司圖書策劃編輯。

個人郵箱：meijiesi@163.com

國家圖書館出版品預行編目

悠悠文緣：兒童文學理論家蔣風文壇回憶錄 / 蔣
　　風著.-- 一版.-- 臺北市：秀威資訊科技，
　　2010.08
　　　面；　公分.-- (史地傳記類；PC0118)
　　BOD 版
　　ISBN 978-986-221-500-5(平裝)

　　1. 蔣風 2. 作者 3. 回憶錄 4. 中國

782.887　　　　　　　　　　　99010169

史地傳記類　PC0118

悠悠文緣
——兒童文學理論家蔣風文壇回憶錄

作　　者 / 蔣　風
主　　編 / 蔡登山
編　　者 / 眉　睫
發 行 人 / 宋政坤
執行編輯 / 邵亢虎
圖文排版 / 鄭佳雯
封面設計 / 蕭玉蘋
數位轉譯 / 徐真玉　沈裕閔
圖書銷售 / 林怡君
法律顧問 / 毛國樑　律師
出版印製 / 秀威資訊科技股份有限公司
　　　　　　台北市內湖區瑞光路 583 巷 25 號 1 樓
　　　　　　電話：02-2657-9211　　　傳真：02-2657-9106
　　　　　　E-mail：service@showwe.com.tw
經 銷 商 / 紅螞蟻圖書有限公司
　　　　　　台北市內湖區舊宗路二段 121 巷 28、32 號 4 樓
　　　　　　電話：02-2795-3656　　　傳真：02-2795-4100
　　　　　　http://www.e-redant.com

2010 年 8 月 BOD 一版
定價：200 元

讀 者 回 函 卡

感謝您購買本書，為提升服務品質，煩請填寫以下問卷，收到您的寶貴意見後，我們會仔細收藏記錄並回贈紀念品，謝謝！

1. 您購買的書名：_____

2. 您從何得知本書的消息？

　□網路書店　　□部落格　　□資料庫搜尋　　□書訊　　□電子報　　□書店

　□平面媒體　　□ 朋友推薦　　□網站推薦　□其他_____

3. 您對本書的評價：(請填代號　1.非常滿意 2.滿意 3.尚可 4.再改進)

　封面設計____　版面編排____　內容____　文/譯筆____　價格____

4. 讀完書後您覺得：

　□很有收獲　　□有收獲　　□收獲不多　　□沒收獲

5. 您會推薦本書給朋友嗎？

　□會　□不會，為什麼？_____

6. 其他寶貴的意見：_____

_____

_____

_____

讀者基本資料

姓名：_____　年齡：_____　性別：□女 □男

聯絡電話：_____　E-mail：_____

地址：_____

學歷：□高中(含)以下　　□高中　　□專科學校　　□大學

　　　□研究所(含)以上　□其他_____

職業：□製造業 □金融業 □資訊業 □軍警 □傳播業 □自由業

　　　□服務業 □公務員 □教職　□學生 □其他_____

To：114

台北市內湖區瑞光路 583 巷 25 號 1 樓

秀威資訊科技股份有限公司　　　收

寄件人姓名：

寄件人地址：□□□

- -
(請沿線對摺寄回,謝謝!)

秀威與 BOD

BOD（Books On Demand）是數位出版的大趨勢，秀威資訊率先運用 POD 數位印刷設備來生產書籍，並提供作者全程數位出版服務，致使書籍產銷零庫存，知識傳承不絕版，目前已開闢以下書系：

一、BOD 學術著作—專業論述的閱讀延伸
二、BOD 個人著作—分享生命的心路歷程
三、BOD 旅遊著作—個人深度旅遊文學創作
四、BOD 大陸學者—大陸專業學者學術出版
五、POD 獨家經銷—數位產製的代發行書籍

BOD 秀威網路書店：www.showwe.com.tw
政府出版品網路書店：www.govbooks.com.tw

永不絕版的故事・自己寫・永不休止的音符・自己唱